# 新时代
# 乡村社会治理创新研究

孙静文　著

东北大学出版社

·沈　阳·

**图书在版编目（CIP）数据**

新时代乡村社会治理创新研究／孙静文著. -- 沈阳：
东北大学出版社，2024.10. -- ISBN 978-7-5517-3684
-8

Ⅰ. D638

中国国家版本馆 CIP 数据核字第 20240VB180 号

出 版 者：东北大学出版社
　　　　　地址：沈阳市和平区文化路三号巷 11 号
　　　　　邮编：110819
　　　　　电话：024-83683655（总编室）
　　　　　　　　024-83687331（营销部）
　　　　　网址：http://press.neu.edu.cn
印 刷 者：辽宁一诺广告印务有限公司
发 行 者：东北大学出版社
幅面尺寸：170 mm×240 mm
印 　 张：11
字 　 数：203 千字
出版时间：2024 年 10 月第 1 版
印刷时间：2024 年 10 月第 1 次印刷
责任编辑：高艳君
责任校对：邱 静
封面设计：潘正一
责任出版：初 茗

ISBN 978-7-5517-3684-8　　　　　　　　　定 价：60.00 元

面临的风险进行了深入分析，并提出了相应的防控与应对策略。希望通过建立健全应急管理体系为乡村社会治理提供坚实的保障。

在实践案例与未来展望章节中，著者精选了一系列新时代乡村社会治理的成功案例，旨在为读者提供直观、生动的参考。同时，对乡村社会治理的未来进行了展望，期待在不久的将来，能够看到更加和谐、美丽、富裕的乡村新景象。

在著者撰写本书的过程中，深感责任重大。为了尽可能确保内容的准确性、全面性和前瞻性，汇聚了众多专家学者的智慧与力量，进行了大量的实地调研和深入的数据分析。希望通过本书的传播与影响，激发更多人对乡村社会治理的关注与热情，共同推动我国乡村社会治理事业迈上新的台阶。

在全球化与信息化的双重影响下，乡村社会治理正面临着前所未有的机遇与挑战。只有不断创新、与时俱进，才能找到适合中国乡村特点的社会治理之路。本书愿为此贡献一份绵薄之力，与广大读者和同人共同探讨、进步。

最后，特别感谢所有为本书撰写付出辛勤努力的专家学者和工作人员。他们的专业知识、独到见解和无私奉献，是本书得以问世的重要支撑。同时，感谢广大读者对本书的关注与支持，期待共同见证新时代乡村社会治理的崭新篇章。

在新时代的征程上，让我们携手共进，为构建更加美好的乡村社会治理体系而努力奋斗！

著　者

2024 年 3 月

# 前 言

　　乡村作为中国传统社会的基础单元，承载着深厚的文化与历史。随着时代的变迁，乡村社会治理也面临着前所未有的挑战与机遇。本书的撰写正是基于对乡村社会治理现状的深刻反思与对未来发展的殷切期望。希望通过系统的梳理和深入的分析，为新时代乡村社会治理提供有益的借鉴与参考。

　　乡村社会治理不仅关乎乡村自身的和谐稳定，更是国家治理体系与治理能力现代化的重要组成部分。进入新时代，我国社会主要矛盾已经转化为人民日益增长的美好生活需要和不平衡不充分的发展之间的矛盾。这一变化在乡村社会表现得尤为突出，对乡村社会治理提出了更高的要求。因此，迫切需要探索出一条符合新时代特征、具有中国特色的乡村社会治理之路。

　　本书从乡村社会治理的理论基础出发，深入剖析了乡村社会治理的起源、发展及基本概念，通过国内外乡村社会治理模式的比较分析，为读者提供了广阔的视野和丰富的经验借鉴。在此基础上，进一步探讨了新时代乡村社会治理的价值观，阐述了社会主义核心价值观、传统文化、绿色发展理念及以人民为中心的发展思想在乡村社会治理中的具体体现和实践应用。

　　体制机制创新是新时代乡村社会治理的关键所在。本书详细分析了乡村社会治理体制的现状，指出了体制机制创新的方向与路径，特别强调了多元主体参与乡村社会治理的重要性，并通过实践案例展示了体制创新的成果与影响。同时，深入探讨了社区参与机制、文化教育创新、环境保护创新，以及公共服务创新在乡村社会治理中的重要作用，这些都是推动乡村社会治理现代化的重要力量。

　　信息化时代的到来为乡村社会治理带来了新的机遇。本书专门设置了信息化建设章节，详细阐述了信息化在乡村社会治理中的巨大作用，以及大数据、人工智能等先进技术在乡村社会治理中的广阔应用前景。随着信息技术的不断发展，乡村社会治理将迎来革命性的变革。

　　当然，也不能忽视乡村社会治理中可能存在的风险。本书对乡村社会治理

# 目 录

# 第一章　乡村社会治理的理论基础

## >> 第一节　乡村社会治理的起源与发展

### 一、传统社会乡村社会治理

#### （一）乡村社会的历史演变

乡村社会作为人类社会的重要组成部分，其历史演变是一个漫长的过程。在传统社会中，乡村不仅是农业生产的主要场所，而且是社会结构和文化传承的基础单元。随着历史的推移，乡村社会在政治、经济、文化等方面都发生了深刻的变化。

1. 早期乡村社会的形成

在人类社会早期，随着农业的产生与发展，人们开始定居并形成村落。这些村落通常以家族或氏族为单位，实行自给自足的自然经济。在这一时期，乡村社会治理主要依赖家族或氏族的内部规则和传统习俗。

2. 封建社会乡村社会治理

进入封建社会后，乡村社会治理逐渐与封建等级制度和土地制度相联系。地主阶级成为乡村社会的统治阶层，他们通过掌握土地所有权来控制农民。在这一时期，乡村社会治理主要体现在地主对农民的剥削和压迫上，农民处于被统治和被剥削的地位。

3. 近现代乡村社会变革

随着人类历史进入近现代社会，乡村社会经历了巨大的变革。一方面，工业化和城市化进程加速了乡村人口向城市的流动，改变了乡村社会的人口结构；另一方面，政治制度的变革也影响了乡村社会治理的方式。

（二）传统乡村社会治理的方式与特点

传统乡村社会治理是指在长期历史发展过程中形成的、相对稳定的乡村社会治理模式和方法。这些模式和方法反映了当时社会的政治、经济和文化状况，也体现了乡村社会的自身逻辑和运行规律。

1. 乡村社会治理的方式

（1）乡绅治理。乡绅是指乡村社会中的精英阶层，他们通常拥有较高的社会地位和经济实力。在传统乡村社会治理中，乡绅发挥着重要的作用。他们通过自身的威望和资源来协调乡村社会的各种关系，维护社会稳定。乡绅治理在一定程度上体现了精英政治的特点。

（2）官方治理。在传统社会中，政府通过设立基层行政机构来管理乡村社会。这些机构通常负责税收、治安等事务，以维护封建统治秩序。

2. 乡村社会治理的特点

（1）自治性。传统乡村社会治理具有较强的自治性。由于乡村社会相对封闭和独立，村民往往通过内部协商和调解来解决纠纷和问题，而不需要过多依靠外部力量。这种自治性体现了乡村社会的自主性和独立性。

（2）稳定性。传统乡村社会治理注重维护社会秩序和稳定。通过家族或宗族规范、乡绅威望及官方权威等多种手段的结合运用，有效地维护了乡村社会的和谐与稳定。这种稳定性为农业生产和社会发展提供了有利的环境。

（3）保守性。传统乡村社会治理深受封建思想和文化的影响，具有浓厚的保守性。这种保守性体现在对旧有制度、习俗和观念的坚持上，限制了乡村社会的创新和发展。

（三）传统乡村社会治理的挑战与局限性

传统乡村社会治理尽管在历史上发挥了一定的作用，但随着社会的进步和发展，也面临着越来越多的挑战和局限性。

1. 挑　战

（1）社会变迁的冲击。随着工业化和城市化的推进，乡村人口流动加速，传统乡村社会结构受到冲击。这种变迁使得传统乡村社会治理模式难以适应新的社会环境和需求。

（2）农民权益意识的觉醒。随着农民受教育水平的提高和法律意识的增强，他们开始更加关注自身的权益和利益。这要求乡村社会治理必须更加注重公平、公正和透明，以满足农民的需求和期望。

2. 局限性

（1）封建残余影响。传统乡村社会治理深受封建思想和文化的影响，存在许多封建残余。这些残余不仅限制了乡村社会的创新和发展，而且容易导致社会不公现象的发生。

（2）治理效率低下。由于传统乡村社会治理主要依赖家族或宗族规范、乡绅威望等非正式制度进行约束和管理，因此其治理效率相对较低。在面对复杂多变的社会问题时，这种治理模式往往难以迅速有效地作出反应。

## 二、近代以来乡村社会治理

### （一）近代社会变革对乡村社会治理的影响

近代以来，中国社会经历了剧烈的变革，这些变革对乡村社会治理产生了深远的影响。以下从三个方面探讨这些影响。

（1）经济结构的改变。随着不平等条约的签订，中国逐渐被卷入世界市场。乡村经济受到冲击，传统的自给自足的小农经济开始解体，农产品商品化程度提高。这种经济结构的改变导致乡村社会阶层分化，地主阶级和农民阶级的矛盾日益尖锐，对乡村社会治理提出了新的挑战。

（2）政治制度的变革。清末民初，中国政治制度发生了翻天覆地的变化。封建帝制的崩溃和中华民国的建立，使得乡村社会治理的政治环境发生了根本性变化。乡村社会治理不再完全依赖传统的封建权威，而开始向现代政治制度转型。

（3）思想文化的冲击。近代以来，西方思想文化大量涌入中国，对传统乡村社会产生了强烈的冲击。科学等现代理念逐渐深入人心，农民的思想观念开始发生转变。这种思想文化的变革对乡村社会治理的理念和方式产生了深远影响。

### （二）民国时期乡村社会治理的尝试与探索

民国时期是中国社会急剧变革的时期，也是乡村治理探索与实践的重要阶段。面对内忧外患的严峻形势，社会各界对乡村社会治理进行了多方面的尝试与探索。

（1）乡村自治运动的兴起。为了改变传统的封建乡村社会治理模式，民国时期兴起了乡村自治运动。这一运动旨在通过选举产生乡村自治组织，实现乡村社会的自我管理。然而，由于当时社会环境复杂和政府控制力薄弱，乡村自治运动并未取得预期效果。

（2）合作运动的推广。为了促进乡村经济的发展和改善农民生活，民国时期还大力推广合作运动。通过组织农民成立合作社，集中力量进行农业生产、销售和信贷等活动，以提高农民的经济地位和生活水平。然而，由于合作运动缺乏足够的资金和技术支持，并且受到官僚资本和地主阶级的压制，其发展受到严重限制。

（3）教育普及与乡村文化建设。民国时期还注重乡村教育的普及和乡村文化的建设。通过设立乡村学校、图书馆和阅报栏等方式提高农民的文化素质和思想觉悟。这些举措在一定程度上推动了乡村社会的进步和发展。

尽管民国时期的乡村社会治理尝试与探索取得了一定的成果，但受历史条件的限制和种种因素的影响，这些尝试并未从根本上改变乡村社会的落后面貌。

（三）中华人民共和国成立后乡村社会治理的转型与发展

中华人民共和国成立后，中国乡村社会治理经历了深刻的转型与发展。以下从三个方面阐述这一历程。

（1）土地改革的实施。中华人民共和国成立后，首先进行了土地改革，废除了封建地主土地所有制，实现了农民土地所有制。这一改革极大地激发了农民的生产积极性，为乡村社会的经济发展奠定了基础。同时，土地改革也打破了传统的乡村权力结构，为乡村社会治理的转型创造了条件。

（2）乡村自治的实践与探索。自改革开放以来，中国乡村社会治理逐渐走向自治化道路。通过实行村民委员会制度和村民自治原则，乡村社会实现了自我管理、自我教育和自我服务。乡村自治的实践不仅提高了农民的政治参与意识和能力，而且推动了乡村社会的民主化进程。

（3）法治化建设的推进。近年来，中国政府高度重视乡村社会治理的法治化建设。通过制定和完善相关法律法规和政策措施，保障农民的合法权益和乡村社会的稳定秩序。同时，加强乡村普法教育和法律援助工作，提高农民的法律意识和依法维权能力。

### 三、新时代乡村社会治理

（一）新时代乡村社会治理的背景与要求

随着中国特色社会主义进入新时代，我国社会主要矛盾已经转化为人民日益增长的美好生活需要和不平衡不充分的发展之间的矛盾。在乡村社会治理领域，这一矛盾体现为农民对更加美好生活环境的向往与当前乡村社会治理水平不高、能力不强的现实之间的矛盾。因此，新时代乡村社会治理面临着全新的背景与要求。

1. 乡村振兴战略的实施

乡村振兴战略是新时代解决"三农"问题、全面建设社会主义现代化国家的重大战略。它要求加强基层党组织建设，深化村民自治实践，建立现代乡村社会治理体制，推动乡村治理重心下移，尽可能把资源、服务、管理下放到基层。这既为新时代乡村社会治理指明了方向，也提出了新的更高的要求。

2. 社会治理体系和治理能力现代化的推进

实现社会治理体系和治理能力现代化是新时代国家治理的重要目标，在乡村社会治理中，要求构建共建共治共享的社会治理格局，提升乡村社会治理的专业化与法治化水平，推动乡村社会治理的现代化转型。

（二）新时代乡村社会治理的创新

进入新时代以来，我国各地在乡村社会治理方面进行了大量创新与实践，探索了一些行之有效的治理模式和方法。

1. "三治融合"的乡村治理体系

"三治融合"即自治、法治、德治相结合的乡村治理体系。通过加强村民自治实践，发挥村民在乡村治理中的主体作用；推进乡村法治建设，提高乡村社会法治化水平；加强乡村德治建设，提升乡村社会道德水准。这种治理模式有效地整合了乡村社会的各种资源，提高了治理效能。

2. "互联网+"乡村社会治理模式

借助互联网、大数据等现代信息技术手段，推动乡村社会治理的信息化、智能化。通过建立乡村治理信息平台，实现信息共享、资源整合和高效管理。同时，利用互联网平台开展线上线下相结合的村民议事、村务公开等活动，提高村民参与乡村社会治理的积极性和便利性。

### 3. 多元共治的乡村社会治理格局

鼓励和支持社会组织、企业、个人等多元主体参与乡村社会治理。通过政府购买服务、公益创投等方式，引导社会力量参与乡村公共服务供给和社会治理创新。同时，加强基层党组织、村民自治组织、社会组织等之间的协同配合，形成乡村社会治理的合力。

### （三）新时代乡村社会治理的成效与挑战

进入新时代以来，我国乡村社会治理取得了显著成效，但也面临着一些挑战。

#### 1. 成　效

（1）乡村社会秩序更加稳定。通过加强乡村社会治理创新与实践，有效地化解了乡村社会矛盾纠纷，维护了乡村社会的和谐稳定。

（2）乡村公共服务水平得到提升。通过整合各种资源、引入社会力量等方式，提高了乡村公共服务的供给能力和质量。

（3）村民参与乡村社会治理的积极性得到提高。通过创新村民自治实践、加强信息公开等方式，激发了村民参与乡村社会治理的热情和创造力。

#### 2. 挑　战

（1）乡村人口流动带来的治理难题。随着城市化进程的加速推进，大量乡村人口流向城市，导致乡村社会治理面临人口流失、老龄化等问题。如何吸引和留住人才参与乡村社会治理成为一大挑战。

（2）乡村经济发展不平衡不充分对社会治理的影响。一些地区乡村经济发展相对滞后，导致社会治理资源投入不足等。如何促进乡村经济均衡发展、如何提高社会治理水平是亟待解决的问题。

（3）新技术革命给乡村社会治理带来的挑战与机遇并存。互联网、大数据等新技术手段为乡村社会治理提供了便利和可能，但同时带来了信息安全、隐私保护等问题。如何充分利用新技术手段推动乡村社会治理创新与发展是未来需要关注的重要问题。

## ❯❯ 第二节　乡村社会治理概述

### 一、乡村社会治理的定义

（一）乡村社会治理的内涵

乡村社会治理的内涵主要包括以下三个方面。

（1）多元主体参与。乡村社会治理强调多元主体的参与，包括政府、村民自治组织、社会组织、企业和个人等。这些主体在治理过程中各自发挥不同的作用，共同推动乡村社会的稳定发展。

（2）协商共治。乡村社会治理注重通过协商和合作来解决问题。各个利益相关者都有机会参与决策，表达自己的观点和诉求。协商共治能够更好地平衡各方利益，减少社会矛盾和冲突。

（3）法治保障。乡村社会治理需要依法进行，保障各方的合法权益。通过完善法律法规和司法体系，为乡村社会治理提供有力的法治保障。

（二）乡村社会治理的外延

乡村社会治理的外延主要涉及以下四个方面。

（1）经济发展。乡村社会治理需要关注乡村经济的发展。通过优化产业结构、提高农业生产效率、推动乡村旅游等方式，促进乡村经济的持续发展。

（2）社会事务管理。乡村社会治理包括对社会事务的管理，如教育、医疗、文化、体育等方面的公共服务供给。通过完善社会事务管理体系提高乡村社会的整体福利水平。

（3）环境保护。乡村社会治理需要关注环境保护问题。通过推广生态农业、加强垃圾分类和处理、保护自然资源等方式，实现乡村社会的可持续发展。

（4）安全与稳定。乡村社会治理需要维护乡村社会的安全和稳定。通过加强治安管理、完善应急预案、提高村民的安全意识等方式，确保乡村社会的和谐稳定。

## 二、乡村社会治理的特点

乡村社会治理是指在乡村地区进行的社会管理和服务活动，旨在维护乡村社会稳定、促进经济发展和提升乡村居民生活质量。乡村社会治理呈现出几个显著的特点，包括地域性、多元主体参与等。

（一）地域性

乡村社会治理的地域性特点主要体现在其治理环境和治理需求的地域差异性上。中国乡村地域辽阔，不同地区的自然环境、社会经济条件和文化传统存在显著差异，这些差异对乡村社会治理提出了不同的要求和挑战。

（1）自然环境的地域性。乡村地区的自然环境千差万别，包括山地、平原、水乡等不同地貌。这些自然环境的差异直接影响着乡村社会治理的方式和重点。例如，在山地地区，由于交通不便，信息闭塞，乡村社会治理需要更加注重基础设施建设，提高通信水平；而在平原地区，乡村社会治理可能更需要关注农业生产的组织和市场化进程。

（2）社会经济条件的地域性。乡村地区的经济发展水平、产业结构、人口分布等社会经济条件也呈现出明显的地域性特征。这些条件决定了乡村社会治理的经济基础和资源配置方式。在经济发达、人口密集的地区，乡村社会治理可能更加注重公共服务体系的完善和社会秩序的维护；而在经济欠发达、人口稀疏的地区，乡村社会治理可能更需要关注扶贫开发、教育医疗等民生问题。

（3）文化传统的地域性。中国乡村地区有着丰富的文化传统和习俗，这些文化传统在不同地域间存在显著差异。乡村社会治理需要充分考虑当地的文化背景，尊重并融入当地的文化元素，以实现有效的社会治理。例如，在一些少数民族地区，乡村社会治理可能需要结合当地的民族文化，制定符合当地实际的治理政策。

（二）多元主体参与

乡村社会治理的多元主体参与是指政府、村民自治组织、社会组织、企业和个人等多个主体共同参与乡村社会治理的过程。这种多元主体参与的特点有助于形成合力，提升乡村社会治理的效能。

（1）政府的主导作用。政府在乡村社会治理中发挥着主导作用，负责制定相关政策、提供公共服务和进行监督管理。政府通过加强基层组织建设、完善公共服务体系等措施，为乡村社会治理提供有力支持。

（2）村民自治组织的参与。村民自治组织是乡村社会治理的重要力量。村民通过选举产生的村民委员会（以下简称村委会）等自治组织，能够直接反映村民的意愿和需求，参与制定村规民约，管理公共事务和公益事业，促进乡村社会的自我管理、自我教育和自我服务。

（3）社会组织的协同作用。社会组织在乡村社会治理中发挥着协同作用。各类社会组织和志愿者通过提供专业服务、开展公益活动等方式，弥补政府和村民自治组织的不足，推动乡村社会治理的全面发展。

（4）企业和个人的参与。企业和个人也是乡村社会治理的重要参与者。企业通过承担社会责任、参与公益事业等方式，为乡村社会治理贡献力量。个人则可以通过参与村民自治、志愿服务等方式，积极投身乡村社会治理实践。

### 三、乡村社会治理的目标与任务

乡村社会治理作为国家治理体系的重要组成部分，其目标与任务紧紧围绕着乡村社会的稳定、发展和民生改善。

（一）维护乡村社会稳定

稳定是乡村社会治理的首要目标，是乡村发展的前提和基础。维护乡村社会稳定，需要从多个方面入手，构建和谐的乡村社会秩序。

（1）加强社会治安综合治理。通过建立健全乡村治安防控体系，增加警力资源投入，提高治安巡逻频率，有效降低乡村治安案件发生率。同时，加强乡村法治宣传教育，增强村民的法治意识，提高村民的自我保护能力。

（2）化解社会矛盾纠纷。建立健全乡村矛盾纠纷排查调处机制，及时发现并化解由土地、邻里、婚姻等问题引发的矛盾纠纷。通过调解、仲裁、法律诉讼等多种手段，公正、高效地处理各类矛盾，防止矛盾激化升级。

（3）强化公共安全监管。加大对乡村安全生产、食品药品安全等领域的监管力度，严防重大安全事故的发生。同时，完善乡村应急管理体系，提高应对自然灾害、突发公共卫生事件等紧急情况的能力。

（二）促进乡村经济社会发展

经济社会发展是乡村社会治理的核心任务之一，也是实现乡村全面振兴的关键。

（1）推动农业产业升级。加大对农业科技创新和成果转化的支持力度，引导农民发展现代农业、绿色农业，提高农业生产效率和产品质量。同时，鼓励农民参与农村电商、乡村旅游等新兴产业，拓宽农民增收渠道。

（2）优化乡村经济结构。根据乡村资源禀赋和市场需求，合理规划产业布局，发展特色产业和优势产业。通过引进龙头企业、培育专业合作社等方式，推动乡村产业集聚发展，提升乡村经济整体实力。

（3）完善基础设施建设。加大对乡村道路、水利、电力、通信等基础设施的投入力度，改善乡村生产生活条件。同时，推进乡村公共服务设施建设，提升教育、医疗、文化等公共服务水平，为乡村经济社会发展提供有力支撑。

（三）提升乡村居民福祉与满意度

提升乡村居民福祉与满意度是乡村社会治理的出发点和落脚点，也是衡量治理成效的重要标准。

（1）保障和改善民生。建立健全乡村社会保障体系，确保乡村居民基本生活无忧。同时，关注特殊困难群体的生活状况，提供及时有效的救助和帮扶。通过发展教育、卫生等事业，提高乡村居民的整体素质和生活质量。

（2）丰富精神文化生活。加强乡村文化建设，提供多样化的文化产品和服务，丰富乡村居民的精神文化需求。通过举办文化活动、建设文化设施等方式，营造积极向上的乡村文化氛围，提升乡村居民的文化素养和审美能力。

（3）拓宽政治参与渠道。完善乡村居民政治参与机制，保障他们的知情权、表达权、参与权和监督权。通过定期召开村民大会或村民代表会议等方式广泛听取乡村居民的意见和建议，确保他们的利益诉求得到有效回应和解决。

## >> 第三节　国内外乡村社会治理模式比较

### 一、国外乡村社会治理模式（以美国乡村社会治理为例）

美国的乡村社会治理模式主要体现为高度的地方自治和社区参与。在美国，地方政府结构简单，通常只有县、市和镇三级，其中，乡村地区的自治体机构扮演着核心角色。这些机构包括议事机构和执行机构，负责乡村的公共服务体系建设及日常事务管理。

（1）高度自治。美国的村级自治体享有高度的自治权，能够根据自身实际情况制定和执行相关政策。理事会作为村的议事机构，其主要成员由村民选举产生，具有较高的地方威望。

（2）社区参与。村民通过各种方式积极参与社区管理，如社区会议、社区听证会和村民公决等。这些方式有效地促进了村民与社区管理机构之间的沟通，确保了决策的科学性。

（3）非政府组织的作用。在美国的乡村治理中，非政府组织（如社区组织）也发挥着重要作用。它们以满足社区居民需求为中心，提供各类社区服务，补充了政府职能的不足。

## 二、国内外乡村社会治理模式的比较分析

乡村社会治理是一个复杂且多元的过程，涉及多个主体、多种手段和广泛的效果评估。国内外在乡村社会治理方面存在显著差异，这些差异主要体现在治理主体和参与机制、治理手段与方法，以及治理效果与影响上。以下是对这些方面的比较分析。

（一）治理主体和参与机制

1. 国内治理模式治理主体和参与机制

（1）治理主体。在国内，乡村社会治理的主体主要包括政府、村级组织和村民。政府扮演着引导者和支持者的角色，通过制定政策和提供资金支持来推动乡村社会治理。村级组织（如村委会）是乡村社会治理的重要执行者，负责具体事务的管理和实施。村民是乡村社会治理的基础，他们的参与和合作对于治理的成效至关重要。

（2）参与机制。近年来，国内乡村社会治理越来越注重村民的参与，通过各种方式激发村民的积极性和创造力。例如，通过村民大会、村民代表会议等形式，广泛征求村民的意见和建议，确保决策的科学性。

2. 国外治理模式治理主体和参与机制

（1）治理主体。在国外的乡村社会治理中，政府的作用相对较弱，更多的是起到协调和支持的作用。非政府组织、社区组织和私营企业等多元主体在治理中发挥着重要作用。这些主体通过合作与协商共同推动乡村社会治理的进程。

（2）参与机制。国外的乡村社会治理注重多方参与和共同决策。例如，

在美国的乡村治理中，社区会议、听证会和公民投票等机制确保了村民的广泛参与和决策的科学性。

## （二）治理手段与方法

### 1. 国内治理模式治理手段与方法

国内的乡村社会治理手段主要包括政策引导、资金支持、项目推动等。政府通过制定优惠政策、提供资金支持、实施具体的项目来推动乡村社会的发展。此外，法治教育、道德教化等手段也被广泛应用于乡村社会治理中，以提高村民的法治意识和道德素养。

### 2. 国外治理模式治理手段与方法

国外的乡村社会治理手段更加多样化和灵活。除政府的政策支持和资金扶持外，还广泛运用市场机制来推动乡村社会的治理和发展。例如，在欧洲的乡村治理中，市场机制被引入来推动乡村经济的多样化转型。此外，国外的乡村社会治理还注重利用科技手段（如信息技术、大数据等）来提高治理的效率和效果。

## （三）治理效果与影响

### 1. 国内治理模式治理效果与影响

国内的乡村社会治理在近年来取得了显著的成效。乡村基础设施得到了大幅改善，村民的生活水平有了明显提高。同时，乡村社会的稳定性和和谐性也得到了增强。然而，也存在一些问题（如村民参与程度不均、治理手段单一等），需要进一步完善和改进。

### 2. 国外治理模式治理效果与影响

国外的乡村社会治理模式在多元主体参与和市场机制引入等方面取得了积极成效。这些模式有效地促进了乡村经济的发展和社会的进步，提高了村民的生活质量和幸福感。然而，也存在一些挑战（如资源分配不均、社区凝聚力不足等），需要持续关注和改进。

# 第二章 新时代乡村社会治理的价值观

## 第一节 社会主义核心价值观在乡村社会治理中的体现

### 一、社会主义核心价值观概述

（一）社会主义核心价值观的内涵

社会主义核心价值观是社会主义核心价值体系的内核，体现了社会主义核心价值体系的根本性质和基本特征，反映了社会主义核心价值体系的丰富内涵和实践要求，是社会主义核心价值体系的高度凝练和集中表达。社会主义核心价值观包含三个层面、24个字的基本内容："富强、民主、文明、和谐"是国家层面的价值目标，"自由、平等、公正、法治"是社会层面的价值取向，"爱国、敬业、诚信、友善"是公民个人层面的价值准则。这三个层面的价值观既相互区别，又相互联系，构成了一个有机统一的整体。

1. 国家层面的价值目标：富强、民主、文明、和谐

富强即国富民强，是社会主义现代化国家经济建设的应然状态，也是中华民族的美好愿景，还是国家繁荣昌盛、人民幸福安康的物质基础。民主是人类社会的一种政治制度和人民权利，其实质和核心是人民当家作主。文明是社会进步的重要标志，也是社会主义现代化国家的重要特征。和谐是中国传统文化的基本理念，集中体现了学有所教、劳有所得、病有所医、老有所养、住有所居的生动局面。它是社会主义现代化国家在社会建设领域的价值诉求，是经济社会和谐稳定、持续健康发展的重要保证。

2. 社会层面的价值取向：自由、平等、公正、法治

自由是指人的意志自由、存在和发展自由，是人类社会的美好向往，也是马克思主义追求的社会价值目标。平等是指公民在法律面前一律平等，其价值取向是不断实现实质平等。它要求尊重和保障人权，人人依法享有平等参与、平等发展的权利。公正即社会公平和正义，它以人的解放、人的自由平等权利的获得为前提，是国家、社会应然的根本价值理念。法治是治国理政的基本方式，依法治国是社会主义民主政治的基本要求。它通过法治建设来维护和保障公民的根本利益，是实现自由平等、公平正义的制度保证。

3. 公民个人层面的价值准则：爱国、敬业、诚信、友善

爱国是基于个人对自己祖国依赖关系的深厚情感，也是调节个人与祖国关系的行为准则。它同社会主义紧密结合在一起，要求人们以振兴中华为己任，促进民族团结、维护祖国统一、自觉报效祖国。敬业是对公民职业行为准则的价值评价，要求公民忠于职守、克己奉公、服务人民、服务社会，充分体现了社会主义职业精神。诚信即诚实守信，是人类社会千百年传承下来的道德传统，也是社会主义道德建设的重点内容，它强调诚实劳动、信守承诺、诚恳待人。友善强调公民之间应互相尊重、互相关心、互相帮助，和睦友好，努力形成社会主义的新型人际关系。

（二）社会主义核心价值观对国家、社会、个人层面的要求

社会主义核心价值观在国家、社会、个人三个层面提出了明确的要求，这些要求既是对社会主义核心价值观的具体阐述，也是实现社会主义核心价值观的重要途径。

1. 对国家层面的要求

在国家层面，社会主义核心价值观要求我们坚持富强、民主、文明、和谐的价值目标。这意味着我们要以经济建设为中心，大力发展社会生产力，不断提高国家的综合国力和人民的生活水平；要坚持人民民主专政，坚持人民当家作主；要加强社会主义精神文明建设，提高全民族的思想道德素质和科学文化素质；要促进社会和谐稳定，实现经济、政治、文化、社会和生态文明的全面发展。

为了实现这些目标，国家需要制定和实施科学的发展战略和政策措施，加强和创新社会治理方式和方法，推动经济社会的持续健康发展。同时，需要加强法治建设，维护社会公平正义和人民群众的合法权益。

2. 对社会层面的要求

在社会层面，社会主义核心价值观要求我们坚持自由、平等、公正、法治的价值取向。这意味着我们要尊重每个人的自由和权利，反对任何形式的剥削和压迫；要倡导人人平等的观念，消除社会歧视和不公；要坚持公正原则，维护社会的公平和正义；要加强法治建设，保障法律的权威和尊严。

为了实现这些价值取向，社会需要营造良好的文化氛围和道德风尚，倡导尊重、包容、互助、进步的社会风尚。同时，需要加强社会管理和公共服务体系建设，提高社会治理的效能和水平。此外，还需要加强法治教育和宣传普及工作，提高公民的法律意识和素养。

3. 对个人层面的要求

在个人层面，社会主义核心价值观要求我们践行爱国、敬业、诚信、友善的价值准则。这意味着我们要热爱祖国、热爱人民、热爱中华民族；要忠于职守、尽职尽责地做好本职工作；要诚实守信、言行一致地做人做事；要友善待人、关爱他人、助人为乐。

为了实现这些价值准则，个人需要加强自身的道德修养和品德锤炼，树立正确的世界观、人生观和价值观。同时，需要积极参与社会实践和志愿服务活动，用实际行动践行社会主义核心价值观。此外，还需要注重学习科学文化知识，提高自身的综合素质和能力水平。

## 二、社会主义核心价值观在乡村社会治理中的引领作用

社会主义核心价值观作为当代中国精神的集中体现，不仅在城市社会治理中发挥着重要作用，在乡村社会治理中同样具有不可或缺的引领作用。它对于引领乡村道德风尚建设、促进乡村社会和谐稳定，以及提升乡村居民文明素养都具有深远影响。

### （一）引领乡村道德风尚建设

社会主义核心价值观在乡村社会治理中首先起到的就是引领道德风尚的作用。乡村社会的道德风尚不仅关系到村民的日常生活，更影响着乡村社会的整体风貌。

1. 树立正面典型，弘扬社会正气

社会主义核心价值观通过树立一系列正面典型（如"最美乡村教师""最美乡村医生"等）来弘扬社会正气，传递正能量。这些典型人物的事迹在乡

村社会中广泛传播，激励着广大村民向他们学习，从而形成良好的道德风尚。

### 2. 倡导家庭美德，促进家庭和睦

家庭是乡村社会的基本单位，家庭美德的建设对于整个乡村社会的道德风尚具有重要影响。社会主义核心价值观倡导尊老爱幼、夫妻和睦、勤俭持家等家庭美德，通过家庭教育、村规民约等方式引导村民树立正确的家庭观念，促进家庭和睦，进而推动乡村社会的道德风尚建设。

### 3. 强化集体意识，培养公共精神

社会主义核心价值观还强调集体意识和公共精神的培养。在乡村社会治理中，这有助于引导村民关注公共事务，积极参与集体活动，增强乡村社会的凝聚力和向心力。通过参与集体活动和公共事务，村民能够更好地理解社会主义核心价值观的内涵，从而在日常生活中践行这些价值观。

### （二）促进乡村社会和谐稳定

社会主义核心价值观在促进乡村社会和谐稳定方面也发挥着重要作用。它不仅能够调节社会关系，化解社会矛盾，还能够增强村民的法治观念、维护社会秩序，倡导诚信友善、营造良好氛围，为乡村社会的和谐稳定提供有力保障。

### 1. 调节社会关系，化解社会矛盾

在乡村社会中，由于历史、文化、经济等多方面因素，村民之间难免会产生一些矛盾和冲突。社会主义核心价值观倡导的和谐、友善等理念有助于调节社会关系，化解社会矛盾。通过调解、协商等方式，村民能够在互相理解和尊重的基础上解决问题，从而维护乡村社会的和谐稳定。

### 2. 增强法治观念，维护社会秩序

法治是社会主义核心价值观的重要内容之一。在乡村社会治理中，增强村民的法治观念对于维护社会秩序具有重要意义。通过普法教育、法律援助等方式，村民能够更好地了解法律知识，提高依法维权的能力。同时，法治观念的提升也有助于村民自觉遵守法律法规，减少违法行为的发生，从而维护乡村社会的和谐稳定。

### 3. 倡导诚信友善，营造良好氛围

诚信和友善是社会主义核心价值观的重要组成部分。在乡村社会治理中，倡导诚信友善有助于营造一种和谐、融洽的社会氛围。村民之间能够互相信任、互相帮助，共同维护乡村社会的和谐稳定。这种良好的社会氛围不仅能够

提高村民的生活质量，而且能够为乡村社会的经济发展提供有力支持。

### （三）提升乡村居民文明素养

社会主义核心价值观在提升乡村居民文明素养方面具有不可替代的作用。它通过引导村民树立正确的价值观念、提高文化素养和审美能力等方式，不断提升乡村居民的文明素养。

#### 1. 树立正确的价值观念

社会主义核心价值观为乡村居民提供了正确的价值观念导向。通过教育宣传、文化活动等途径，这些价值观能够深入人心，引导村民树立正确的世界观、人生观和价值观。这种正确价值观念的形成不仅有助于提升村民的文明素养，而且能够为乡村社会的长远发展奠定坚实基础。

#### 2. 提高文化素养和审美能力

社会主义核心价值观倡导提高乡村居民的文化素养和审美能力。通过推广优秀传统文化、开展文艺演出等活动，村民能够接触到更多的文化知识和艺术作品，从而提高自身的文化素养和审美能力。这种提升不仅有助于丰富村民的精神文化生活，而且能够为乡村社会的文化建设注入新的活力。

## ≫ 第二节 传统文化与乡村社会治理的结合

### 一、传统文化中的治理智慧

#### （一）儒家思想对乡村社会治理的启示

儒家思想作为中国优秀传统文化的重要组成部分，其深邃的治理理念至今仍然对现代社会治理有着重要的启示作用。以下是从儒家思想中汲取的对乡村社会治理的三个主要启示。

#### 1. 以德治国，强调道德教化

儒家思想强调道德教化在国家治理中的核心地位。孔子提出"为政以德"，认为政治的本质在于教化，而非单纯的权力运用。这一思想启示我们，在现代社会治理中，应注重培养公民的道德素质，通过教育、宣传等手段提升整个社会的道德水平。治理者也应以身作则，成为道德的楷模，通过自身的言行来影响和带动社会风气。

### 2. 民本思想，重视民生福祉

儒家思想中的"民本"观念强调治理应以民众的利益为出发点和落脚点。孟子提出"民为贵，社稷次之，君为轻"，将民众的地位放在国家和社会之上。这一思想提醒我们，在现代治理中必须时刻关注民生问题，切实解决民众的实际困难，提升民众的生活质量和幸福感。只有真正关心民众，才能得到民众的信任和支持，实现社会的长期稳定和发展。

### 3. 中庸之道，追求和谐稳定

儒家思想中的中庸之道强调在处理问题时寻求平衡与和谐。它提倡在治理过程中既要考虑整体利益，又要兼顾个体权益；既要追求效率，又要注重公平。这种思想对于现代社会治理具有重要意义，它启示我们在制定政策、处理社会矛盾时要坚持适度原则，避免走向极端，努力实现社会的和谐稳定。

### （二）传统乡村社会治理中的文化因素

传统乡村社会治理中蕴含着丰富的文化因素，这些因素在维护乡村秩序、促进乡村发展方面发挥了重要作用。以下是从传统乡村社会治理中提炼出的两个关键文化因素。

### 1. 乡土知识与乡村社会治理

乡土知识是指在乡村社会中长期积累并传承下来的地方性知识和经验。这些知识包括农耕技术、水利管理等多个方面。在传统乡村社会治理中，乡土知识发挥着重要作用。它不仅是乡村居民生活生产的基础，而且是乡村社会治理者制定政策、解决问题的重要依据。通过充分挖掘和利用乡土知识，可以有效地提高乡村社会治理的针对性和实效性。

### 2. 乡村道德与行为规范

在传统乡村社会中，道德观念和行为规范对于维护社会秩序具有重要意义。乡村道德强调诚信、友善、勤劳等品质，这些道德规范在乡村社会治理中起到了潜移默化的作用，有助于减少社会冲突和矛盾，促进乡村社会的和谐稳定。同时，这些道德规范也是乡村文化传承的重要组成部分，为乡村社会的持续发展提供了精神支撑。

## 二、传统文化与现代社会治理的融合创新

在快速发展的现代社会中，如何有效地将传统文化与现代社会治理相融

合，实现创新，是一个值得深入探讨的课题。

### （一）传统文化与现代治理理念的结合点

#### 1. 民本思想与以人为本的治理理念

传统文化的民本思想强调以民众的利益为出发点，这与现代治理理念中的"以人为本"不谋而合。在现代社会治理中，我们应当借鉴传统文化的民本思想，将人民的福祉放在首位，关注民生、倾听民意，确保治理措施符合民众的实际需求。融合传统民本思想和现代以人为本的治理理念，可以推动社会治理更加人性化、精细化。

#### 2. 法治精神与德治传统的有机结合

传统文化强调德治，即通过道德教化来引导人们的行为。现代社会则更注重法治，通过明确的法律条文来规范社会行为。实际上，德治与法治并非相互排斥，而是可以相辅相成的。在现代社会治理中，可以将法治精神与德治传统有机结合，既强化法律的权威性和约束力，又注重道德的教化作用，共同维护社会秩序和公共利益。

#### 3. 和谐稳定与社会协同的治理目标

传统文化追求社会的和谐稳定，强调人与人之间的和睦相处。而现代社会治理则更注重社会协同，即政府、市场、社会等多元主体共同参与社会治理。实际上，和谐稳定与社会协同并不矛盾，反而可以相互促进。通过借鉴传统文化的和谐稳定理念，可以更好地调动各方力量，形成社会治理的合力，共同推动社会的和谐稳定发展。

### （二）创新实践案例与分析

#### 1. "道德银行"——道德激励与社会信用的构建

某城市在社区治理中，创新性地推出了"道德银行"项目。该项目通过记录居民的善行义举，并给予相应的积分奖励，以此激励居民积极参与社区公共事务和志愿服务。积分可以在社区内的特定商户兑换商品或服务，从而形成一种正向的激励机制。这种做法不仅提高了居民的道德素养和社区参与度，而且有助于构建社会信用体系。

分析：该案例巧妙地结合了传统文化的道德教化思想和现代社会的信用体系构建理念。通过"道德银行"项目，社区居民在践行道德规范的同时，积累了社会信用资本。这种做法不仅增强了居民的归属感和责任感，而且为社区治理提供了有力的道德支撑和信用保障。同时，"道德银行"项目促进了社区居民之间的互助合作和良性竞争，为构建和谐社区注入了新的活力。

2. "智慧社区"建设——科技手段与传统文化的融合应用

随着信息技术的快速发展，越来越多的地区开始尝试将科技手段应用于社会治理领域。某城市在推进"智慧社区"建设过程中，不仅引入了智能化管理系统、大数据分析等先进技术来提高治理效率和服务水平，而且注重将传统文化元素融入其中。例如，在智慧社区平台上开设"传统文化讲堂"，定期邀请专家学者进行线上线下讲座；利用虚拟现实技术重现历史场景，让居民感受传统文化的魅力等。

分析：该案例成功地将科技手段与传统文化相融合，为现代社会治理注入了新的活力。智慧社区建设不仅提高了社会治理的智能化水平和精细化程度，而且让传统文化在现代社会中焕发出新的生命力。这种做法既有助于传承和弘扬传统文化，也有助于提升居民的文化素养和审美能力。更重要的是，通过科技与文化的有机结合，可以探索出更多具有创新性和实用性的社会治理模式和方法。

# 》》 第三节　绿色发展理念在乡村社会治理中的应用

## 一、绿色发展理念的提出背景及绿色发展对于乡村社会治理的重要性

### （一）绿色发展理念的提出背景

绿色发展理念的提出基于对全球环境问题的深刻认识和我国经济社会发展面临的严峻挑战。随着全球气候变化和环境问题的日益突出，传统的高能耗、高排放的发展模式已难以为继。同时，我国经济在快速发展的过程中也积累了一系列深层次矛盾和问题，如资源约束趋紧、环境污染严重、生态系统退化等。为了解决这些问题，我国提出了绿色发展理念，旨在实现经济社会的可持续发展。

### （二）绿色发展对于乡村社会治理的重要性

绿色发展对于乡村社会治理具有重要意义。绿色发展有助于改善乡村生态

环境。通过推广绿色农业技术、加强农村环境治理等措施，可以有效减少农业污染和生态破坏，提高乡村生态环境质量。这不仅有利于保障农民的健康和生活品质，还能为乡村旅游业等绿色产业的发展创造有利条件。绿色发展可以促进乡村经济的转型升级。在传统的农业生产模式下，农民收入水平有限且增长缓慢；而发展绿色农业、推广清洁能源等绿色产业，可以为农民提供更多就业机会和增收渠道，推动乡村经济的持续发展。同时，绿色发展还能带动相关产业链的发展和完善，进一步促进乡村经济的繁荣。绿色发展有助于提升乡村社会治理水平。在绿色发展的过程中，需要政府、企业和社会各界的共同参与和协作。这不仅可以增强乡村社会的凝聚力和自治能力，还能推动乡村社会治理体系的完善和创新。通过绿色发展理念的实践和应用，可以探索出一条符合中国国情的乡村社会治理新路径。

## 二、绿色发展理念在乡村社会治理中的实践路径

### （一）推广生态农业与绿色生产方式

**1. 发展生态农业，促进农业可持续发展**

生态农业是绿色发展理念在农业生产中的具体体现，它强调农业生产与生态环境的和谐共生。为了推广生态农业，乡村地区应大力推广有机农业，减少化肥和农药的使用，采用生物防治等环保方法控制病虫害。此外，还可以发展循环农业，实现农业废弃物的资源化利用，如将畜禽粪便和农作物秸秆转化为有机肥，提高土壤肥力。通过这些措施，不仅可以保护乡村生态环境，还能提高农产品的品质和安全性，增加农民收入。

**2. 推广绿色生产方式，提高资源利用效率**

绿色生产方式是实现乡村绿色发展的关键。在乡村工业生产中，应推广清洁生产技术和环保设备，减少废气、废水和固体废物的排放。同时，鼓励企业采用节能设备，提高能源利用效率。在农业生产中，推广节水灌溉技术，减少水资源浪费。这些绿色生产方式的应用可以降低乡村生产活动对环境的影响，提高资源利用效率，实现经济与环境的协调发展。

**3. 加强科技支持，推动绿色技术创新**

科技是推动绿色发展的重要力量。乡村地区应加强与高校和科研机构的合作，引进和研发适合当地特点的绿色技术。例如，开发高效节能的农业机械设备，提高农业生产效率；研究生物肥料和生物农药，减少化学肥料和农药的使

用；探索农业废弃物的资源化利用技术，实现废物的减量化、资源化和无害化处理。这些绿色技术创新可以推动乡村产业的绿色转型和升级。

### （二）完善乡村环保设施与制度建设

#### 1. 加强乡村环保基础设施建设

完善的环保基础设施是乡村绿色发展的重要保障。乡村地区应加大投入，建设污水处理设施、垃圾处理设施和公共绿地等。同时，完善乡村道路和排水系统，提高乡村环境的整洁度和美观度。这些基础设施建设不仅可以改善乡村居民的生活环境，还能提升乡村的整体形象，吸引更多游客前来观光旅游。

#### 2. 制定和实施严格的环保制度

制度是保障绿色发展的重要手段。乡村地区应制定严格的环保法规和政策，明确各类污染物的排放标准和处理要求。同时，建立环保执法队伍，加大对违法排放行为的监督和处罚力度。这些制度的实施可以规范乡村生产和生活行为，保护乡村生态环境。

#### 3. 建立环保宣传教育机制

环保宣传教育是提高乡村居民环保意识的有效途径。乡村地区应定期开展环保知识讲座、环保主题活动等，向乡村居民普及环保知识和绿色生活方式。同时，利用广播、电视、网络等媒体平台，广泛宣传绿色发展理念和环保政策，营造全民参与环保的良好氛围。

### （三）改善乡村居民的环保意识与行为

#### 1. 加强环保教育，提高乡村居民环保意识

环保教育是提升乡村居民环保意识的基础。乡村地区应将环保教育纳入学校课程体系，从小培养孩子的环保意识。同时，针对成年人开展环保知识培训，让他们了解环保的重要性和紧迫性。通过这些教育措施，可以提高乡村居民的环保意识，引导他们自觉参与环保行动。

#### 2. 开展绿色生活创建活动，引导乡村居民践行绿色生活方式

绿色生活方式是实现绿色发展的重要内容。乡村地区应开展绿色家庭、绿色学校、绿色社区等创建活动，引导乡村居民在日常生活中践行节约资源、保护环境的理念。例如，推广节能灯具、节水器具等环保产品，鼓励居民使用公共交通或骑行出行，减少私家车的使用次数等。这些绿色生活创建活动可以培养乡村居民的绿色生活习惯，推动乡村社会的绿色发展。

3. 建立激励机制，鼓励乡村居民参与环保行动

激励机制是推动乡村居民参与环保行动的重要手段。乡村地区可以设立环保奖励基金，对在环保工作中作出突出贡献的个人或集体给予物质和精神奖励。同时，开展环保志愿者活动，吸引更多乡村居民参与环保行动。这些激励机制的建立和实施可以激发乡村居民的环保热情和积极性，共同推动乡村的绿色发展进程。

## 第四节　以人民为中心的发展思想在乡村社会治理中的实践

### 一、以人民为中心的发展思想的核心理念

#### （一）人民至上的价值取向

##### 1. 人民至上的深刻内涵

人民至上，就是以人民的利益为最高准则，把人民的利益放在首位，一切工作都以人民的需求和福祉为出发点和落脚点。这种价值取向体现了我们党全心全意为人民服务的根本宗旨，是我们党一切工作的根本出发点和落脚点。人民至上不仅是一句口号，更是一种实实在在的行动指南，它要求我们在制定政策、推动发展、改善民生等各个方面，都要以人民的利益为重，确保人民共享发展成果。

##### 2. 人民至上在实践中的体现

在实践中，人民至上的价值取向体现在多个方面。首先，在政策制定上，要充分考虑人民的意愿和需求，确保政策的科学性。其次，在经济发展中，要注重提高人民的生活水平，让人民共享经济发展的成果。再次，在社会保障方面，要不断完善社会保障体系，为人民群众提供更加全面、更加公平的社会保障。最后，在文化教育领域，要实现教育公平，提高人民群众的文化素质，丰富人民群众的精神文化生活。

##### 3. 人民至上的时代意义

人民至上的价值取向具有深远的时代意义。在当前社会背景下，坚持人民至上有助于凝聚人心、汇聚力量，推动社会的和谐稳定和发展进步。同时，人民至上也是实现中华民族伟大复兴的中国梦的重要基石，只有坚持以人民为中

心的发展思想，才能不断满足人民对美好生活的向往，为实现国家富强、民族振兴、人民幸福奠定坚实基础。

（二）发展为了人民、发展依靠人民、发展成果由人民共享

### 1. 发展为了人民

发展的根本是为了人民。我们党始终把为人民谋幸福作为初心和使命，把满足人民对美好生活的向往作为奋斗目标。在发展过程中，要始终坚持以人为本，把人民的利益放在首位，通过发展不断提高人民的生活水平和质量。这要求我们在制定发展政策时，要充分考虑人民的需求和期望，确保发展成果能够真正惠及广大人民群众。

为了实现发展为了人民的目标，需要关注以下方面：一是关注民生问题，切实解决人民群众最关心、最直接、最现实的利益问题，如教育、医疗、住房等；二是推动经济高质量发展，创造更多就业机会，提高人民群众收入水平；三是加强社会保障体系建设，为人民群众提供更加全面、更加公平的社会保障；四是推动文化繁荣发展，丰富人民群众的精神文化生活。

### 2. 发展依靠人民

人民是历史的创造者，是推动社会进步的根本力量。在发展过程中，要充分依靠人民群众的智慧和力量，激发人民群众的积极性和创造性。这要求我们在发展过程中，尊重人民群众的主体地位，广泛听取人民群众的意见和建议，让人民群众参与发展的决策和执行过程。

为了更好地依靠人民推动发展，需要采取以下措施：一是加强基层建设，保障人民的知情权、参与权、表达权、监督权；二是推动创新创业，鼓励人民群众积极投身创新创业的热潮，为经济社会发展贡献力量；三是要加强教育培训，提高人民群众的综合素质和技能水平，为经济社会发展提供有力的人才支撑。

### 3. 发展成果由人民共享

发展成果应该由人民共享。在发展过程中，要坚持公平正义原则，确保发展成果能够惠及全体人民特别是困难群众。这要求我们在分配发展成果时要注重公平性和可持续性，避免出现贫富差距过大的情况。

为了实现发展成果由人民共享的目标，需要采取以下措施：一是完善收入分配制度，提高劳动报酬在初次分配中的比重，增加居民收入；二是加强社会保障体系建设，确保人民群众在养老、医疗等方面的基本生活需求得到满足；三是推动基本公共服务均等化，让全体人民都能享受到优质的基本公共服务；

四是加强扶贫开发工作，帮助贫困地区和贫困人口脱贫致富。

## 二、以人民为中心的发展思想在乡村社会治理中的体现

### （一）保障和改善乡村民生

#### 1. 完善基础设施，提升乡村居民生活质量

在乡村社会治理中，以人民为中心的发展思想首先体现在对乡村民生的高度重视上。乡村地区的基础设施建设（如道路、水利、电力、通信等）直接关系到乡村居民的生产生活。近年来，各级政府不断加大对乡村基础设施的投入，改善了乡村的交通、水利、电力等条件，为乡村居民提供了更加便捷、舒适的生活环境。这不仅提升了乡村的整体形象，更让乡村居民切实感受到了生活质量的提升。

#### 2. 优化公共服务，满足乡村居民基本需求

除了基础设施建设，乡村社会治理还注重提升公共服务水平。教育、医疗、文化等公共服务是乡村居民的基本需求，也是衡量乡村社会治理水平的重要标准。通过增加学校、医院、文化设施等公共服务资源的投入，乡村社会治理不仅满足了乡村居民的基本需求，还为他们提供了更多元化、更高质量的服务。这些举措充分体现了以人民为中心的发展思想，让乡村居民在享受公共服务的同时，感受到社会的温暖和关怀。

#### 3. 实施精准扶贫，助力乡村居民脱贫致富

精准扶贫是以人民为中心的发展思想在乡村社会治理中的又一重要体现。通过精准识别贫困户、精准制定扶贫措施、精准落实扶贫政策，乡村社会治理不仅帮助贫困户摆脱了贫困，还为他们提供了可持续发展的路径。这不仅体现了政府对乡村民生的高度关注，而且展示了以人民为中心的发展思想在推动社会公平正义方面的积极作用。

### （二）促进乡村居民全面发展

#### 1. 加强教育培训，提升乡村居民素质和能力

促进乡村居民的全面发展是以人民为中心的发展思想的核心要义之一。在乡村社会治理中，政府通过加强教育培训，为乡村居民提供了更多学习机会和资源。这不仅包括基础教育的普及和提高，还包括职业技能培训、农业科技培训等多元化、实用性的教育内容。这些教育培训措施的实施，使乡村居民的文化素质和技能水平得到了显著提升，为他们的全面发展奠定了坚实基础。

### 2. 举办文化活动，丰富乡村居民精神文化生活

除了教育培训，乡村社会治理过程中，相关部门还注重丰富乡村居民的精神文化生活。通过举办各种文化活动、建设文化设施、推广优秀传统文化等方式，相关部门为乡村居民提供了丰富多彩的文化盛宴。这些文化活动不仅满足了乡村居民的精神文化需求，还激发了他们的创造力和创新精神。在这一过程中，以人民为中心的发展思想得到了充分体现，乡村居民的全面发展也得到了有力推动。

### 3. 拓宽就业渠道，促进乡村居民经济收入增长

促进乡村居民的全面发展还需要促进他们的经济收入增长。在乡村社会治理中，政府通过拓宽就业渠道、推动产业发展等方式，为乡村居民提供了更多就业机会和创业空间。这不仅增加了乡村居民的经济收入，还提高了他们的生活水平和社会地位。这些举措充分体现了以人民为中心的发展思想在推动乡村居民全面发展方面的积极作用。

## （三）增强乡村居民的获得感、幸福感、安全感

### 1. 提升公共服务质量，增强乡村居民的获得感

增强乡村居民的获得感是以人民为中心的发展思想在乡村社会治理中的重要体现。通过提升公共服务质量、优化服务流程、拓展服务内容等方式，让乡村居民更加便捷地享受到高质量的公共服务。这不仅提升了乡村居民的生活质量，还让他们切实感受到了社会的关怀和温暖，从而增强了他们的获得感。

### 2. 构建和谐社会环境，提升乡村居民的幸福感

幸福感是乡村居民对社会治理效果最直接的感受。在乡村社会治理中，政府通过构建和谐的社会环境、加强社区建设、促进邻里和睦等方式，为乡村居民营造了一个安全、稳定、和谐的生活环境。这种环境不仅让乡村居民感受到了生活的美好和幸福，还激发了他们积极参与乡村社会治理的热情和动力。

### 3. 强化安全保障措施，提高乡村居民的安全感

安全感是乡村居民对乡村社会治理最基本的需求之一。在乡村社会治理中，政府通过加强乡村社会治安管理、完善应急救援体系、开展安全宣传教育等方式，强化了安全保障措施。这些举措不仅有效地维护了乡村社会的稳定和安宁，还让乡村居民感受到了实实在在的安全保障，从而提高了他们的安全感。在这一过程中，以人民为中心的发展思想得到了充分体现和贯彻。

# 第三章　新时代乡村社会治理的体制机制创新

## >> 第一节　乡村社会治理体制的现状分析

### 一、乡村社会治理体制存在的问题

#### （一）体制性障碍与制度性缺陷

**1. 乡村社会治理体制僵化**

当前，我国乡村社会治理体制在某些方面仍显得过于僵化。这种僵化主要体现在对新兴社会问题和村民多元需求的响应不够迅速和灵活。随着社会的快速发展，乡村社会结构和村民需求都在发生深刻变化，但现有的治理体制往往难以及时作出相应的调整，导致治理效果不尽如人意。

**2. 制度设计缺乏前瞻性**

乡村社会治理的制度设计有时缺乏足够的前瞻性。一些制度规定过于注重当前的短期效应，而忽视了长远的社会发展趋势和村民的实际需求。这种制度性缺陷不仅会影响治理的效率和效果，还可能引发新的社会问题。

**3. 权责不清与推诿扯皮**

在乡村社会治理过程中，有时存在权责不清的问题。各级政府和部门之间的职责划分不够明确，容易出现推诿扯皮的现象。这不仅会阻碍治理工作的正常进行，还会降低村民对治理体制的信任度。

### （二）治理主体单一与参与度不足

**1. 政府主导，多元主体参与不足**

在当前的乡村社会治理体制中，政府仍然是主要的治理主体，村民、社会组织等其他主体的参与度相对较低。这种治理主体的单一性不仅限制了治理的灵活性和创新性，还可能导致政府资源的过度集中和浪费。

**2. 村民参与意识不强**

在乡村社会治理中，村民的参与意识普遍不强。这既与村民自身的政治素养和社会责任感有关，也与现有的治理体制和机制有关。由于缺乏有效的参与渠道和激励机制，村民往往对乡村社会治理持观望态度，缺乏积极参与的动力。

**3. 社会组织作用有限**

社会组织在乡村社会治理中本应发挥重要作用，但目前来看，其作用仍然有限。一方面，社会组织的数量和规模相对较小，难以形成有效的治理力量；另一方面，社会组织与政府、村民等治理主体之间的协调配合也存在一定的问题，影响了其治理效能的发挥。

## 二、乡村社会治理体制面临的挑战

### （一）社会转型与乡村结构变化

**1. 社会转型带来的乡村社会结构改变**

随着社会经济的快速发展，中国正经历着深刻的社会转型。在这一过程中，乡村社会结构也在发生显著变化。传统的乡村社会以农业为主，而现在越来越多的农民选择外出务工或经商，这导致乡村的人口结构、经济结构及社会关系网络都发生了重大改变。这种改变给乡村社会治理带来了新的挑战，如何适应并引导这种改变，成为当前乡村社会治理的重要课题。

**2. 乡村空心化现象加大治理难度**

由于城乡经济发展不平衡，大量农村青壮年劳动力流向城市，乡村出现空心化现象，这加剧了乡村的老龄化问题。

**3. 传统乡村社会资本的流失**

在社会转型过程中，传统乡村的社会资本（如信任、互助、规范等）也在逐渐流失。这些社会资本的流失削弱了乡村社会的自我调节能力，增加了乡村社会治理的难度。因此，如何在社会转型中重建乡村社会资本，提升乡村社会的自我治理能力，是乡村社会治理面临的重要挑战。

### （二）信息化、城镇化对乡村治理的新要求

#### 1. 信息化对乡村治理方式的新要求

信息技术的快速发展为乡村社会治理提供了新的手段和工具。运用信息化手段，可以实现对乡村社会的实时监控、数据分析、信息共享等功能，提高治理的效率和精准度。信息化对乡村社会治理提出了新的要求，不仅需要治理者具备信息化素养和技能，还需要建立完善的信息化治理平台和机制。

#### 2. 城镇化进程中的乡村治理新挑战

随着城镇化进程的加速推进，越来越多的农村地区被纳入城市发展的版图之中。在这一过程中，乡村社会治理面临着新的挑战。如何在城镇化进程中保持乡村社会的独特性和稳定性，防止"城市病"向乡村蔓延，是乡村社会治理需要解决的重要问题。

#### 3. 城乡融合发展对乡村治理的新要求

城乡融合发展是未来社会发展的重要趋势之一。在这一过程中，乡村社会治理需要适应城乡融合发展的新要求，打破城乡二元结构，实现城乡资源的优化配置和共享。同时，需要建立城乡一体的社会治理体制和机制，促进城乡社会的和谐发展。

## ≫ 第二节　乡村社会治理体制机制创新的方向与路径

### 一、创新乡村社会治理体制的方向

#### （一）构建多元化的治理体系

#### 1. 多元主体参与，形成共治格局

为了应对乡村社会治理的复杂性和多样性，必须构建多元化的治理体系。这一体系应包括政府、村民自治组织、社会组织，以及村民个体等多元主体。政府应发挥引导作用，提供政策支持和公共服务；村民自治组织应负责村民的自我管理和服务；社会组织应提供专业的社会服务；村民个体应通过参与治理

过程，表达自身诉求和利益。这种多元共治格局有助于整合各方资源，提高治理效能。

### 2. 培养村民的公民意识和社会责任感

为了提高村民的参与度和治理效果，应培养村民的公民意识和社会责任感。通过加强教育宣传，提高村民对乡村社会治理的认知度和参与度。同时，可以开展各种形式的公益活动，引导村民积极参与乡村社会治理，为乡村社会的和谐稳定贡献力量。

### （二）强化法治保障，推进乡村社会治理法治化

#### 1. 完善乡村法律法规体系

法治化是乡村社会治理的基石。应完善乡村法律法规体系，确保乡村社会治理有法可依、有章可循。针对乡村社会治理中的新问题、新情况，及时制定和修订相关法律法规，为乡村社会治理提供有力的法律支撑。

#### 2. 加大执法力度，确保法律实施

法律的生命力在于实施。应加大执法力度，确保乡村法律法规得到有效执行。建立健全执法监督机制，对违法行为进行严厉打击，维护乡村社会的法治秩序。同时，加强法治宣传教育，提高村民的法治意识和依法维权能力。

#### 3. 建立健全法律援助和司法救助体系

为了保障村民的合法权益，应建立健全法律援助和司法救助体系。通过设立法律援助中心、开展法律咨询服务等方式，为村民提供及时、有效的法律援助。同时，完善司法救助制度，确保经济困难的村民能够获得必要的司法救助，维护社会公平正义。

### （三）利用现代信息技术，提升治理效能

#### 1. 建设乡村信息化平台

信息化是提升乡村社会治理效能的重要手段。应建设乡村信息化平台，实现信息共享和数据分析功能。通过信息化平台，可以实时掌握乡村社会的动态情况，为科学决策提供有力支持。同时，信息化平台还可以提高治理的透明度和公信力，增强村民对治理工作的信任和支持。

#### 2. 推广电子政务和网上办事服务

为了方便村民办事和提高治理效率，应推广电子政务和网上办事服务。通过建立电子政务平台，提供在线咨询、在线办理等服务功能，让村民足不出户

就能办理相关事务。这不仅可以节省村民的时间和精力，而且可以降低治理成本和提高治理效率。

### 3. 加强信息安全保障工作

在利用现代信息技术提升治理效能的同时，要加强信息安全保障工作。要不断加强村民的信息安全教育，提高村民的信息安全意识和防范能力。

## 二、乡村社会治理体制机制创新的路径

### （一）完善乡村社会治理的法律法规

#### 1. 制定与修订相关法律法规

为了推进乡村社会治理的体制机制创新，首要任务是完善相关的法律法规。这包括制定新的法律法规和修订现有法律法规，以适应乡村社会治理的新需求。新法律法规的制定应着眼于解决当前乡村社会治理中遇到的新问题，如土地流转、环境保护、村民权益保障等。同时，对现有法律法规进行修订，以确保其与时俱进，更好地服务于乡村社会治理的实践。

#### 2. 加强法律法规实施与监督

法律法规的完善不仅是文本上的修订，更重要的是确保其在实际中得到有效执行。因此，需要建立健全法律实施的监督机制，确保各项法律法规在乡村社会治理中得到严格遵守。这包括加强对执法行为的监督，防止有法不依、执法不严、违法不究的现象发生。

#### 3. 提升村民法律意识

法律法规的完善还需要与村民法律意识的提升相结合。通过普法教育、法律咨询服务等方式，提高村民对法律法规的认知和理解，使他们能够更好地运用法律武器维护自身权益，同时能够自觉遵守法律法规，共同维护乡村社会的法治秩序。

### （二）优化乡村社会治理的组织架构

#### 1. 明确各级政府的职责与权限

在乡村社会治理中，各级政府应明确自身的职责与权限，避免产生职能重叠和权责不清的问题。中央政府应制定宏观政策，提供指导和支持；地方政府负责具体执行和监督，确保政策在乡村社会的有效实施。同时，应建立有效的协调机制，促进各级政府之间的沟通与合作，形成合力，共同推进乡村社会治

理。

### 2. 加强村级组织建设

村级组织是乡村社会治理的基础单元，其建设的好坏直接影响治理效果的好坏。因此，应加强对村级组织的支持和指导，提高其自治能力和服务水平。这包括加强村级党组织的领导核心作用，完善村民自治机制，以及推动村级组织在经济发展、社会服务、文化传承等方面的积极作用。

### 3. 引导和支持社会组织参与

社会组织在乡村社会治理中发挥着重要作用。政府应引导和支持社会组织积极参与乡村社会治理，发挥其专业性和灵活性优势。通过购买服务、项目合作等方式与社会组织建立合作关系，共同推进乡村社会治理的创新与发展。

### （三）推进乡村社会治理的信息化建设

### 1. 建设乡村信息化基础设施

信息化建设是乡村社会治理创新的重要手段。应加大投入力度，完善乡村信息化基础设施，包括通信网络、数据中心等。确保乡村地区能够享受到便捷的信息化服务，为乡村社会治理提供有力支撑。

### 2. 推广信息化应用与服务

在信息化基础设施完善的基础上，应积极推广信息化应用与服务。这包括电子政务、电子商务、远程医疗、在线教育等领域的应用。通过信息化手段提高政府服务效率和质量，方便村民办事和生活。同时，可以利用信息化手段加强村民之间的交流与合作，促进乡村社会的和谐与发展。

### 3. 加强信息化安全与隐私保护

在推进信息化建设的过程中，必须高度重视信息安全与隐私保护工作。建立健全信息安全管理制度和技术防范措施，确保乡村信息化系统的安全稳定运行。同时，加大对村民个人信息的保护力度，防止信息泄露和滥用现象的发生。通过加强宣传教育和技术培训等方式提高村民的信息安全意识及防范能力。

## ❯❯ 第三节 多元主体参与乡村社会治理的模式

### 一、多元主体参与乡村社会治理的模式构建

（一）政府、村民、社会组织等多元主体的协同治理

在乡村社会治理中，政府、村民和社会组织等多元主体的协同治理是实现有效治理的关键。这种协同治理模式的构建，旨在整合各方资源，形成合力，共同应对乡村社会治理中的挑战。

1. 政府的角色与职责

政府在协同治理中扮演着重要角色。首先，政府应制定相关政策和规划，为乡村社会治理提供指导和支持。政府需要确保政策的科学性、合理性和可持续性，以推动乡村社会的长期稳定发展。其次，政府应加强对乡村社会治理的监管，确保各项政策和规划得到有效执行。最后，政府还应积极引导和激励其他治理主体参与乡村社会治理，营造良好的协同氛围。

2. 村民的参与与自治

村民是乡村社会治理的重要力量。在协同治理模式中，应充分尊重和保障村民的主体地位，鼓励和支持他们积极参与乡村社会治理。通过村民大会、村民代表会议等形式，村民能够直接参与治理决策，表达自己的诉求和意见。同时，加强村民自治组织建设，提升村民自我管理和自我服务的能力。

3. 社会组织的合作与支持

社会组织在协同治理中发挥着重要作用。它们具有专业性、灵活性和创新性等优势，能够为乡村社会治理提供有力支持。政府应加强与社会组织的合作，通过购买服务、项目合作等方式，引入社会组织的专业力量，共同推进乡村社会治理的创新与发展。同时，社会组织也应积极融入乡村社会治理，发挥自身优势，为乡村社会的和谐稳定贡献力量。

（二）社会组织在乡村社会治理中的功能与作用

社会组织在乡村社会治理中发挥着不可替代的作用。其专业性、灵活性和创新性为乡村社会治理注入了新的活力。

1. 提供专业服务与支持

社会组织具有专业的知识和技能，能够为乡村社会治理提供专业服务与支持。例如，在教育、卫生、环保等领域，社会组织可以发挥自身优势，为乡村地区提供高质量的服务和资源。这些服务不仅能够满足村民的基本需求，而且能够推动乡村社会的全面发展。

2. 促进社会参与与整合

社会组织能够有效地促进社会参与和整合。它们通过组织各种活动和项目吸引更多的村民参与乡村社会治理。同时，社会组织能够整合各方资源，形成合力解决乡村社会治理中的问题。这种参与和整合的过程不仅增强了村民的归属感和责任感，而且促进乡村社会的和谐稳定。

3. 推动政策倡导与监督

社会组织在政策倡导和监督方面也发挥着重要作用。它们能够及时发现并反映乡村社会治理中的问题，为政府提供有针对性的政策建议。同时，社会组织可以对政府的政策执行情况进行监督，确保政策有效实施。这种政策倡导和监督的功能有助于推动乡村社会治理的改进和完善。

## 二、多元主体参与的机制与保障

### （一）建立有效的参与机制与沟通平台

在乡村社会治理中，要确保多元主体的有效参与，首先需要建立起一套完善的参与机制和高效的沟通平台。

1. 建立常态化的参与机制

为了实现多元主体的长期、稳定参与，应建立常态化的参与机制。这包括定期召开多元主体参与的治理会议，讨论乡村社会治理中的重要议题，以及建立快速响应机制，确保在突发事件或紧急情况下，各主体能够迅速集结，共同应对。

2. 构建高效的沟通平台

高效的沟通是多元主体参与治理的基础。因此，应构建一个集信息共享、意见交流、决策协商于一体的沟通平台。这个平台可以利用现代信息技术（如建立电子政务系统、社区论坛或 App 等），实现信息的实时更新和交互，确保各主体之间的顺畅沟通。

3. 促进多方共识的达成

在建立参与机制和沟通平台的基础上，应积极促进多方共识的达成。通过充分的讨论和协商，找到各方利益的平衡点，形成共同的治理目标和行动方案。这不仅能够增强治理的合法性和有效性，而且能够促进各主体之间的信任和合作。

（二）强化多元主体的责任与权利保障

要确保多元主体在乡村社会治理中的有效参与，还需要明确各主体的责任和权利，并提供相应的保障措施。

1. 明确各主体的责任边界

政府、村民、社会组织等多元主体在乡村社会治理中各自承担着不同的责任。应明确界定这些责任边界，避免责任模糊和推诿现象的发生。同时，建立责任追究机制，对未履行职责的主体进行问责，确保各项治理任务的落实。

2. 保障各主体的合法权利

在明确责任的同时，要充分保障各主体的合法权利。这包括知情权、参与权、表达权、监督权等。政府应依法公开相关信息，接受社会监督；村民和社会组织应有权参与治理决策，表达自己的诉求和意见。通过法律手段保护这些权利不受侵犯，为多元主体参与治理提供坚实的法律基础。

3. 建立激励机制和约束机制

为了激发多元主体参与治理的积极性和责任感，应建立相应的激励机制和约束机制。例如，可以对积极参与治理且表现突出的主体进行表彰和奖励；同时，对未履行职责或违反规定的主体进行惩罚和制裁。这样既能激励各主体主动承担责任，又能约束其不良行为。

## 第四节 乡村社会治理体制创新的实践案例

### 一、乡村社会治理体制创新的案例选择与背景

（一）典型案例的筛选标准与依据

在筛选乡村社会治理体制创新的典型案例时，主要依据以下标准和原则。

（1）创新性。案例必须展现出在乡村社会治理方面的新思路、新方法或新举措。这种创新可以是制度层面的，如村民自治制度的完善；也可以是实践

层面的，如利用现代信息技术提升乡村治理效率等。

（2）实效性。所选案例必须在实际应用中取得了显著成效，能够有效解决乡村社会治理中的实际问题，提升村民的满意度和幸福感。

（3）示范性。案例应具有广泛的示范意义和推广价值，能够为其他地区的乡村社会治理提供有益的参考和借鉴。

（4）可持续性。所选案例的创新实践应具有可持续性，能够在较长一段时间内发挥积极作用，而不是短暂的、一次性的活动。

基于以上标准，从众多乡村社会治理实践中筛选了若干典型案例，这些案例不仅涵盖了制度创新、技术应用、社区参与等多个方面，而且均取得了显著的治理效果，具有广泛的示范意义。

（二）案例发生地的背景与基本情况

以下是对其中一个典型案例——浙江省嘉兴市桐乡市"三治融合"（三治即自治、法治、德治）模式的背景与基本情况的介绍。

1. 背　景

桐乡市位于浙江省北部，地处长江三角洲中心地带。近年来，随着经济社会的发展，桐乡市面临着乡村社会治理的新挑战。为了适应新形势下的乡村社会治理需求，桐乡市积极探索乡村社会治理体制创新，形成了独具特色的"三治融合"模式。

2. 基本情况

（1）自治实践。桐乡市注重发挥村民在乡村社会治理中的主体作用，通过完善村民自治制度、建立村民议事会等方式，充分激发村民参与乡村社会治理的积极性和创造性。村民通过自主管理、自主决策、自主监督等方式，有效解决了许多与自身利益密切相关的实际问题。

（2）法治保障。为了维护乡村社会的稳定和公平正义，桐乡市加强法治建设，推动法律法规在乡村的普及和实施。通过建立法律援助站、开展法治宣传教育活动等方式，提高村民的法治意识和依法维权能力。同时，依法打击各类违法犯罪行为，为乡村社会治理提供有力的法治保障。

（3）德治引领。桐乡市深入挖掘乡村社会的道德资源，通过树立道德榜样、开展道德评议等方式，引导村民树立正确的价值观念和道德风尚。同时，将德治与自治、法治相结合，形成相互补充、相互促进的良性互动机制，共同推动乡村社会治理水平的提升。

## 二、乡村社会治理体制创新的案例分析与经验总结

### （一）体制创新的具体做法与成效

在乡村社会治理体制创新的案例中，不少地区通过体制创新，实现了社会治理水平的提升。以下是对一些具体做法与成效的分析。

1. 建立多元共治机制

具体做法：通过成立村民议事会、乡村治理委员会等机构，吸纳政府、村民、社会组织等多方代表，共同参与乡村治理决策。

成效：这种多元共治机制有效提升了治理决策的科学性，增强了村民的归属感和参与度，促进了乡村社会的和谐稳定。

2. 推进信息化建设

具体做法：利用现代信息技术，建立乡村治理信息平台，实现信息共享、快速响应和高效管理。

成效：信息化建设提高了乡村社会治理的透明度和效率，便于村民获取信息和表达诉求，加强了政府与村民之间的互动与沟通。

3. 创新矛盾纠纷解决机制

具体做法：建立村级调解委员会，运用法律、道德和乡规民约等手段调解处理乡村内部的矛盾纠纷。

成效：这种创新机制有效化解了乡村矛盾，减少了社会不稳定因素，维护了乡村社会的和谐稳定。

4. 实施乡村振兴战略

具体做法：结合乡村实际，制定乡村振兴战略规划，推动乡村经济发展、文化传承和生态建设。

成效：乡村振兴战略的实施促进了乡村经济的持续发展，改善了村民的生活水平，提升了乡村社会的整体福祉。

### （二）案例的启示与可推广性评估

通过对乡村社会治理体制创新的案例分析，我们可以得到以下启示和可推广性评估。

1. 启　示

（1）坚持多元共治理念，发挥政府、村民、社会组织等多元主体的作用，

形成合力，推进乡村社会治理。

（2）注重信息化建设，运用现代信息技术提升乡村社会治理的效率和透明度。

（3）创新矛盾纠纷解决机制，实现乡村社会的和谐稳定。

（4）结合乡村实际，制定并实施乡村振兴战略，推动乡村社会的全面发展。

2. 可推广性评估

这些创新的乡村社会治理体制在特定地区取得了显著成效，具有一定的推广价值。然而，在推广过程中需要考虑不同地区的社会经济文化背景差异，因地制宜地进行调整和优化。同时，需要加强跨地区、跨部门的协同合作，确保创新体制的顺利实施并取得预期效果。

# 第四章　新时代乡村社会治理的社区参与机制创新

## 第一节　社区参与在乡村社会治理中的意义

### 一、增强社区凝聚力与归属感

（一）社区参与对乡村社区内部关系的影响

社区参与是指社区居民通过各种方式参与社区事务的决策、管理和服务的过程。在乡村社区中，社区参与不仅对乡村社区的内部关系产生深远影响，还是增强社区凝聚力和归属感的重要途径。

1. 社区参与促进居民间的交流与合作

乡村居民通过参与社区活动（如文艺演出、体育比赛、志愿服务等）能够增进彼此之间的交流与合作。这种交流与合作不仅有助于增进居民之间的了解与信任，还能打破彼此之间的隔阂，形成更加紧密的社区关系网络。当居民共同为社区的目标努力时，他们会更加团结，形成一个有力的社区支持系统。

2. 社区参与提升社区治理的透明度

在乡村社区中，居民的积极参与可以推动社区治理的透明化。通过参与社区会议、提出建议和意见，居民能够直接影响社区决策的过程和结果。这种参与式治理不仅提高了决策的科学性和合理性，而且增强了居民对社区事务的责任感和使命感。

3. 社区参与培养居民的公共意识与责任感

通过参与社区活动，居民会逐渐认识到自己是社区的一分子，自己的行为对社区有着直接的影响。这种认识会激发居民的公共意识和责任感，使他们更加关注社区的整体利益，而不仅仅关注个人利益。这种公共意识和责任感的提升有助于构建和谐、稳定的乡村社区环境。

（二）通过参与提升居民的社区认同感

社区认同感是指居民对自己所属社区的归属感和认同感，是社区凝聚力的重要组成部分。积极的社区参与可以有效提升居民的社区认同感，从而进一步增强社区的凝聚力和归属感。

1. 参与社区建设，增强"主人翁"意识

当居民亲身参与社区的建设和改造（如参与公共设施的建设、社区环境的改善等）过程时，他们会更加珍惜和爱护自己的社区。这种"主人翁"意识能够极大地提升居民的社区认同感，使他们更加愿意为社区的繁荣和发展贡献自己的力量。

2. 通过文化活动创造共同记忆，建立情感纽带

文化活动是乡村社区中重要的凝聚力来源。通过组织丰富多彩的文化活动（如传统节日的庆祝、地方特色的文化活动等），可以创造居民之间的共同记忆，建立情感纽带。当居民共同参与这些活动时，他们会感受到社区的温暖和关怀，从而增强对社区的认同感。

## 二、实现资源共享与优化配置

（一）社区参与对公共资源配置的积极影响

社区参与不仅关乎社区凝聚力，更对公共资源的配置产生深远影响。以下是社区参与对公共资源配置的积极影响的具体分析。

1. 提升资源配置的合理性

社区参与能够让居民直接表达对公共资源的需求和期望，从而使决策者更全面地了解社区的实际需求。这种来自基层的反馈有助于优化公共资源的分配，确保其更加贴近居民的实际需求。例如，通过居民的建议，社区可能会增加儿童游乐设施、改善绿化环境或增设老年人活动场所，这些都是基于居民的实际需求进行的资源配置。

2. 提高资源使用的效率

居民的直接参与不仅可以确保资源被分配到最需要的地方，还可以提高资源的使用效率。因为居民更了解哪些资源是他们真正需要的，哪些资源可能会

被浪费。通过社区会议、问卷调查等方式收集居民的意见，社区可以更加精准地分配资源，减少浪费，从而实现资源的高效利用。

3. 促进资源的可持续利用

社区参与还有助于培养居民的环保意识，从而推动公共资源的可持续利用。当居民意识到自己在资源配置中的责任和角色时，他们更可能珍惜和合理利用这些资源。此外，社区还可以组织相关的环保活动或教育，进一步提高居民的环保意识，确保公共资源的长期、可持续利用。

（二）居民自发组织与资源共享的案例

在推动资源共享和优化配置的过程中，居民自发组织的力量不容忽视。以下是一些居民自发组织与资源共享的案例分析。

1. 社区图书馆项目

在某社区，居民自发组织起来，通过捐赠、交换和共享图书的方式建立了一个社区图书馆。这个图书馆不仅为居民提供了丰富的阅读资源，还成为一个促进交流和学习的平台。居民可以在这里借阅图书，分享阅读心得，甚至组织相关的读书活动。这一项目充分体现了资源共享的理念，丰富了居民的文化生活。

2. 邻里互助共享工具项目

在另一个社区中，居民发现许多家庭都拥有一些不经常使用的工具，如电钻、砂纸机等。为了避免资源的浪费和重复购买，居民自发组织了一个邻里互助共享工具的项目。他们建立了一个共享工具库，每个家庭都可以将自己不常用的工具存放在这里，供其他家庭在需要时借用。这种做法不仅节省了居民的开销，而且促进了邻里之间的交流与合作。

3. 社区花园项目

还有一个值得关注的案例是社区花园项目。在这个项目中，居民共同开辟了一块空地，种植了各种蔬菜和水果。他们分工合作，共同维护这个花园。收获的果实按照各自的劳动投入进行分配。这个项目不仅实现了土地和劳动力资源的共享，而且增强了居民的环保意识和团队协作能力。更重要的是，它为居民提供了新鲜、健康的食材来源。

## >> 第二节　社区参与机制的现状与挑战

### 一、当前社区参与机制的实施状况

（一）居民参与乡村社会治理的途径与形式

在当前社区参与机制中，居民参与乡村社会治理的途径与形式呈现出多样化的特点。这些途径和形式为居民提供了表达意见、参与决策的平台，有助于提升社区治理的有效性。

1. 居民大会与社区议事会

居民大会是社区居民参与乡村社会治理的重要形式。通过定期或不定期召开居民大会，社区可以就重大事务、公共设施建设等议题进行讨论和决策。此外，社区议事会是一个更为常态化的参与平台，它允许居民就社区内的具体问题提出意见和建议，促进居民与社区管理者之间的沟通与协商。

2. 村民自治组织与社区团体

在乡村地区，村民自治组织（如村民委员会等）是居民参与乡村社会治理的重要途径。这些组织通过选举产生，代表居民的利益和意愿，负责处理社区内的公共事务。此外，各种社区团体（如环保组织、文化组织等）也为居民提供了参与社会治理的机会，他们通过组织各类活动，引导居民关注社区问题，提升居民的参与意识和能力。

3. 网络化参与平台

随着互联网技术的发展，网络化参与平台（如社区网站、微信公众号等）逐渐成为居民参与乡村社会治理的新途径。这些平台为居民提供了便捷的信息获取和意见表达渠道，使得居民能够随时随地参与社区事务的讨论和决策。同时，网络化参与也降低了门槛，使更多居民能够参与社区治理。

（二）现有机制下居民参与的程度与效果

在现有社区参与机制下，居民参与的程度和效果因地区、社区类型及具体事务而异。但总体来看，居民参与的程度在不断提升，参与效果也日益显现。

1. 居民参与程度的提升

随着社区参与机制的不断完善和推广，越来越多的居民开始积极参与乡村社会治理。他们通过参加居民大会、社区议事会等活动，表达自己的意见和建议。同时，网络化参与平台的普及也使得更多居民能够方便地参与社区事务的讨论。这种广泛的参与不仅增强了居民的社区归属感，而且提升了社区治理的透明度。

2. 居民参与效果的显现

居民的有效参与对乡村社会治理产生了积极的影响。一方面，居民的参与使得社区决策更加贴近居民的实际需求，提高了决策的针对性和实效性；另一方面，居民的参与也促进了社区内部的沟通与协调，增强了社区的凝聚力和稳定性。在一些成功案例中，居民的积极参与甚至推动了社区环境的改善和公共设施的完善。

## 二、社区参与面临的挑战

### （一）居民参与度不高的原因分析

在社区治理中，居民的积极参与是至关重要的。然而，在现实中，经常会遇到居民参与度不高的问题。以下是对这一问题的原因分析。

1. 对社区事务了解不足

（1）信息不透明。社区活动形式单一，且缺乏吸引力，导致居民对社区事务缺乏了解。信息传递不准确或不及时，使得许多居民对社区活动不了解，从而降低了其参与意愿。

（2）缺乏归属感。由于社区服务水平不高或不能满足居民需求，以及社区活动缺乏创意和多样性，居民对社区的认同感和归属感不强，进而影响了其参与积极性。

2. 参与渠道不畅

（1）渠道限制。目前，社区居民的参与渠道相对有限，且存在信息不对称的问题。居民往往不知道如何通过有效渠道参与社区治理，这直接影响了其参与程度。

（2）反馈机制不足。社区缺乏有效的沟通与反馈机制，使得居民的意见和建议难以及时传达给社区服务者，从而降低了居民的参与热情。

3. 时间与精力限制

现代生活节奏快，许多居民因为忙于工作、家庭生活等，缺乏足够的时间和精力参与社区活动。即使他们有参与的意愿，也往往因为时间冲突而无奈放弃。

### （二）机制设计中的不足与瓶颈

除了居民自身的原因，社区参与机制设计本身也存在一些不足和瓶颈，这些问题同样降低了居民的参与度。

#### 1. 治理形式单一

当前乡村社会治理往往依赖于政府和相关部门来实现，缺乏"多元主体、多元利益"的治理特点。这种单一的治理形式难以满足社区发展的多样性需求，也限制了居民参与的广度和深度。

#### 2. 缺乏专业性

乡村社会治理在方式和手段上显得比较单一和粗糙，不能根据不同的社区特点和需求来实现改进和优化。这在一定程度上影响了社区治理的效果，也降低了居民对社区治理的信任感和参与热情。

#### 3. 投入不足

在许多地方，乡村社会治理尚未得到足够的财政资金和政策支持。这使得一些好的社区治理项目难以实施，也限制了居民参与的积极性和可能性。

## 第三节　激发社区居民参与乡村社会治理积极性的策略

### 一、提升居民参与意识与能力的途径

#### （一）教育培训与宣传推广

教育培训和宣传推广在提升居民参与意识与能力方面起着至关重要的作用。通过系统的教育和广泛的宣传，可以有效地提高居民对社区事务的认知度和参与度，进而促进社区的和谐与发展。

#### 1. 增强居民参与认知

教育培训的首要任务是提升居民对社区参与重要性的认识。通过举办讲座、研讨会等形式，向居民普及乡村社会治理的基本知识，使他们了解社区参与对于个人和社区发展的意义，从而激发他们的参与热情。

#### 2. 提升居民参与能力

除了提高认识，教育培训还应注重培养居民的参与能力。这包括如何有效

地表达自己的意见和建议、如何参与社区决策、如何与社区管理者和其他居民进行有效沟通等。通过专业的培训和指导，居民可以更加自信、有序地参与乡村社会治理。

3. 扩大宣传推广范围

宣传推广是提升居民参与意识的重要手段。通过社区公告栏、宣传单页、社区网站等多种渠道，广泛宣传社区活动、政策动态和参与方式，确保信息能够覆盖到每一位居民。同时，利用社交媒体等新兴平台，增强宣传的互动性和趣味性，吸引更多年轻居民的关注和参与。

（二）培养社区领袖与积极分子

社区领袖和积极分子是提升居民参与意识与能力的关键力量。他们不仅在社区中具有较高的威望和影响力，而且能够带动其他居民积极参与社区事务。

1. 识别与培养潜在领袖

社区应通过多种方式识别和发掘具有领导潜质的居民。这些居民可能具有良好的沟通能力、组织协调能力或专业知识背景。一旦识别出这些具有领导潜质的居民，社区应提供必要的培训和支持，帮助他们提升领导力，更好地服务于社区。

2. 发挥社区领袖的引领作用

社区领袖在社区中具有广泛的号召力和影响力。他们可以通过发表演讲、组织活动等方式引导居民关注社区问题，提高居民的参与意识。同时，社区领袖的积极行动也能激励其他居民效仿，形成积极的参与氛围。

3. 建立积极分子网络

除了社区领袖，还应培养一批积极分子，他们可以在日常生活中宣传社区事务、动员居民参与活动。建立积极分子网络可以迅速地将社区信息和动态传递给广大居民，提高居民的知晓度和参与度。

## 二、完善激励机制与保障措施

（一）物质激励与精神激励相结合

在推动社区居民参与的过程中，激励机制起着至关重要的作用。有效的激励能够激发居民的积极性和创造力，促使他们更加主动地参与社区活动。物质激励和精神激励是两种主要的激励方式，它们各有优势，相互补充，共同构成了完善的激励机制。

### 1. 物质激励的实施与效果

物质激励是通过给予居民一定的物质回报来激发他们的参与热情。例如，可以为积极参与社区活动的居民提供小礼品、优惠券等实物奖励，或者设立参与社区活动的积分制度，积分可以兑换相应的物质奖励。这种激励方式直接、实在，能够在一定程度上提高居民的参与积极性。

### 2. 精神激励的重要性与实施

精神激励侧重满足居民的精神需求，如认可、尊重和成就感等。社区可以通过公开表彰、颁发荣誉证书等方式，对积极参与社区活动的居民进行精神嘉奖。此外，还可以为这些居民提供更多的参与机会和平台，让他们在社区中发挥更大的作用，从而增强他们的归属感和自我价值感。

### 3. 物质激励与精神激励的结合运用

物质激励和精神激励并非孤立存在，而应该相互结合、相辅相成。在实施激励措施时，应根据居民的实际需求和参与情况，灵活运用这两种激励方式。例如，对于初次参与社区活动的居民，可以通过物质激励来吸引他们；对于长期积极参与的居民，应该更加注重精神激励，以满足他们更高层次的需求。

## （二）建立保障居民参与社区事务的权利的制度

要确保居民有效参与社区事务，除了激励机制，还需要有完善的制度来保障居民的参与权利。这些制度应该明确居民的参与渠道、方式，以及他们在社区决策中的权重和影响力。

### 1. 明确居民参与社区事务的权利与义务

社区应通过规章制度明确居民参与社区事务的权利和义务。这包括居民有权了解社区的各项决策和事务、提出意见和建议、参与社区活动的筹划和组织等。同时，居民有义务遵守社区的规定、积极参与社区活动、为社区的发展贡献自己的力量。

### 2. 建立畅通的参与渠道

社区应建立多种畅通的参与渠道，确保居民能够便捷地参与社区事务。例如，可以设立社区意见箱，定期召开居民大会或听证会，建立社区微信公众号或 App 等线上平台，为居民提供多样化的参与方式。

### 3. 增强居民在社区决策中的影响力

要真正提升居民的参与感，必须让他们在社区决策中拥有一定的话语权。

社区可以通过设立居民代表制度、引入居民投票机制等方式，增强居民在社区决策中的影响力。这样不仅能提高居民的参与度，还能使社区决策更加科学。

## 三、创新参与方式与平台

### （一）利用现代信息技术拓宽参与渠道

现代信息技术的发展，特别是互联网、移动互联网的普及，为社区居民提供了更多元化的参与渠道。利用这些技术，可以有效地增加居民参与社区事务的方式，增强参与的便捷性和时效性。

1. 构建社区信息化平台

社区可以建立自己的官方网站、微信公众号、小程序或 App 等信息化平台，为居民提供一站式服务。通过这些平台，居民可以随时随地了解社区动态、查询政策信息、提交意见和建议，甚至在线参与社区活动和投票。这种方式打破了时间和空间的限制，让居民能够更灵活地参与社区事务。

2. 利用大数据和人工智能技术

通过收集和分析社区居民的行为数据，可以更精准地了解居民的需求和偏好，为社区服务和政策制定提供数据支持。同时，利用人工智能技术，可以实现智能问答、智能推荐等功能，进一步提升居民参与的便利性和满意度。

3. 推广智能家居和物联网技术

智能家居和物联网技术的应用，可以让居民更加直观地感受到科技带来的便利。例如，通过智能家居系统，居民可以远程控制家居设备，提高生活品质；物联网技术则可以实现社区资源的优化配置（如智能垃圾分类、智能停车等），从而提升居民的参与感和获得感。

### （二）探索线上线下相结合的参与模式

线上线下相结合的参与模式能够充分发挥两者的优势，提高居民的参与度和满意度。线上平台可以提供便捷的信息获取和交流渠道，线下活动则可以增强居民的归属感和凝聚力。

1. 线上预热与线下实施相结合

社区可以在线上平台发布活动预告和信息征集，激发居民的兴趣和期待。然后，在线下组织具体的活动或会议，让居民亲身参与和体验。这种模式可以有效地提高居民的参与度和活动的影响力。

### 2. 线上线下互动反馈机制

通过线上平台收集居民的意见和建议，再到线下活动中进行反馈和讨论。这样既可以确保居民的诉求得到及时回应，又能增强居民与社区之间的互动和信任。

### 3. 利用社交媒体促进线上线下交流

社交媒体作为现代人际交往的重要组成部分，也可以被引入社区参与。通过创建社区微信群、QQ 群等社交媒体群组，为居民提供一个线上交流的平台。同时，可以定期组织线下见面会或活动，将线上的虚拟交流转化为线下的实际互动，增强居民的凝聚力和归属感。

### 4. 创新线上线下联动的活动形式

社区可以设计一些需要线上线下联动的活动形式，如线上知识竞赛与线下颁奖典礼相结合、线上募捐与线下志愿服务相结合等。这种活动形式能够充分发挥线上线下的优势，提高居民的参与热情和活动效果。

## 》》 第四节　社区参与机制促进乡村社会治理的案例

### 一、社区参与机制促进乡村社会治理的案例选择与背景

#### （一）成功激发社区参与的乡村社会治理案例

在乡村社会治理的实践中，成功激发社区参与的案例不胜枚举。其中，湖北省武汉市武昌区水果湖街道洪山路社区的"五联"治理模式尤为典型。该社区面临的治理难题包括行政挤压自治、多元协同不畅、财政资金短缺及居民认同感不强等。为了解决这些问题，洪山路社区以"五社联动"（简称"五联"）为突破口，创新性地提出了"五联"治理模式，即联心、联盟、联建、联治、联享。

（1）联心。社区通过加强成员的向心力、凝聚力和认同感为社区治理奠定坚实基础。例如，在抗击疫情期间，社区工作人员和下沉党员积极投身于疫情防控工作，维护社区稳定，为居民购买药品和生活物资，从而获得居民对社区的集体认同。

（2）联盟。社区与多个社会组织、企事业单位等形成联盟，共同为社区

治理贡献力量。这种联盟不仅增强了社区的资源整合能力，而且促进了各主体之间的协同合作。

（3）联建。社区与居民共同参与基础设施、公共服务设施等建设，改善居民的生活环境，提高生活质量。通过联建，居民对社区的归属感得到进一步提升。

（4）联治。社区倡导居民自治，通过公开透明的方式处理社区事务，有效解决了邻里矛盾和其他公共问题，提升了社区治理的效能。

（5）联享。社区治理的成果由居民共享，包括优美的环境、便捷的服务、和谐的氛围等。这种共享机制进一步激发了居民的参与热情，形成了良性循环。

洪山路社区的"五联"治理模式成功地将社区内外资源统合起来，形成了社区居委、社会工作者、居民骨干、社会组织、志愿者团队多元主体协同共治的格局。这一模式不仅解决了社区面临的治理难题，而且提升了居民的参与意识和能力，为乡村社会治理提供了有益借鉴。

（二）案例发生地的社会经济背景

洪山路社区位于湖北省武汉市武昌区，是该地区的一个大型敞开型老旧社区。社区占地面积 0.8 平方公里，拥有楼房 116 栋，常住人口超过 4800 人，总人口达 14000 余人。其中，60 岁以上的老年人占社区总人口的 25%，显示出一定程度的老龄化特征。

从社会经济背景来看，武汉市作为湖北省的省会城市，具有较为雄厚的经济基础和发展潜力。然而，在城市化进程中，老旧社区往往面临着诸多治理挑战，如基础设施老化、公共服务不足、居民参与度低等。洪山路社区作为其中的一个典型代表，既有城市老旧社区的共性问题，也有自身独特的治理需求。

在这样的背景下，洪山路社区能够成功实施"五联"治理模式，不仅得益于社区党组织的坚强领导和社会各界的支持配合，更与社区居民的积极参与密不可分。

## 二、社区参与机制促进乡村社会治理的案例分析与经验总结

（一）社区参与机制的具体实施步骤与成效

1. 实施步骤

在乡村社会治理中，社区参与机制的实施至关重要。以某成功实施社区参

与机制的乡村为例，其实施步骤主要包括以下五点。

（1）建立社区议事会。成立由村民代表、村委会成员、社会工作者等多方参与的社区议事会，作为决策和监督机构，确保社区事务的公开透明。

（2）制定社区参与规则。明确社区成员参与的权利和义务，以及方式和渠道，为居民提供清晰的参与指南。

（3）开展社区活动。定期组织各类社区活动（如文化娱乐、环保公益、健康教育等），增强社区居民的归属感和凝聚力。

（4）建立反馈机制。设立专门的反馈渠道，及时收集和处理居民的意见和建议，确保居民的诉求得到有效回应。

（5）持续改进与优化。根据居民的反馈和社区发展的实际情况，不断调整和优化社区参与机制，以适应乡村社会治理的新需求。

2. 成　效

通过上述实施步骤，该乡村的社区参与机制取得了显著成效。

（1）居民参与度提高。社区活动丰富多彩，吸引了大量居民积极参与，形成了浓厚的社区氛围。

（2）社区治理效能提升。通过公开透明的管理方式，社区治理效能得到显著提升，各种问题得到及时解决。

（3）居民满意度提高。由于居民的诉求得到了有效回应和处理，居民对社区的满意度大幅提高。

（二）面临的困难与解决策略

1. 困　难

（1）居民参与度不均。部分居民对社区事务漠不关心，参与度低。

（2）资源有限。乡村社区在资金、人力等资源方面相对有限，制约了社区参与机制的深入发展。

2. 解决策略

（1）加强宣传教育。通过举办讲座、发放宣传资料等方式，提高居民对社区参与重要性的认识，激发他们的参与热情。

（2）整合资源。积极争取政府和社会各界的支持，整合各类资源，为社区参与机制的发展提供有力保障。

（3）循序渐进。在尊重居民传统观念的基础上，循序渐进地引导居民接受新的治理方式和参与模式。

# 第五章 新时代乡村社会治理的文化教育创新

## 第一节 乡村文化教育现状与存在问题

### 一、教育资源分布不均，乡村地区相对匮乏

在中国，教育资源分布不均是一个长期存在的问题，这一问题在乡村地区尤为突出。与城市相比，乡村地区往往面临着更多的教育挑战，主要体现在以下三个方面。

（1）教育经费投入不足。乡村地区的教育经费往往难以与城市相提并论。由于地理位置偏远、经济发展水平相对较低，乡村学校的教育投入往往有限，这直接影响了教学设施的更新、教学材料的采购及教师待遇的提高。教育经费不足限制了乡村学校提升教育质量的能力。

（2）优秀教育资源稀缺。城市中的名校、优秀教师和教育资源相对集中，而乡村地区很难引入这些优质资源。这不仅包括硬件设施（如先进的实验室、图书馆等），还包括软件资源（如优秀的教材、教学方法和教育理念等）。乡村学生因此难以接触到与城市学生同等质量的教育资源。

（3）信息化教育滞后。随着信息技术的快速发展，城市学校已经广泛应用数字化教育资源和在线学习方式。然而，在乡村地区，受基础设施和网络覆盖的限制，信息化教育的推进相对滞后。这种数字鸿沟进一步加剧了教育资源的分布不均。

为了解决这些问题，需要政府和社会各界共同努力，增加对乡村教育的投入，优化资源配置，推动教育信息化，以缩小城乡教育差距。

## 二、乡村学校设施简陋，师资力量薄弱

乡村学校在设施和师资方面普遍面临挑战，这些挑战严重影响了教学质量和学生的受教育机会。

（1）学校设施简陋。许多乡村学校的校舍陈旧，缺乏必要的维修和更新。教室、实验室、图书馆等教学设施往往不完善，甚至存在安全隐患。例如，一些学校的教室没有空调或暖气，在极端天气下，学生的学习环境十分恶劣。此外，体育设施、艺术教室等更是稀缺，限制了学生的全面发展。

（2）教学设备落后。与现代教育技术脱节的教学设备也是乡村学校面临的一个问题。许多学校仍然使用过时的教材和教学辅助工具，缺乏计算机、投影仪等现代化教学设备。这不仅影响了教师的教学效果，也限制了学生接触新知识和技能的机会。

（3）师资力量薄弱。乡村学校往往难以吸引和留住优秀的教师。受工作环境、待遇和发展前景等方面的限制，许多有经验的教师选择离开乡村学校，前往城市发展。这导致乡村学校师资力量普遍薄弱，缺乏专业发展和教学创新的支持。

为了改善这一状况，需要加大对乡村学校的投入力度，提升教师待遇和改善工作环境，同时加强教师培训和专业发展支持。此外，还可以通过校企合作、志愿者支教等方式引入外部资源，增强乡村学校的师资力量，提高教学水平。

## 三、乡村学生对文化教育的需求和兴趣有待提高

在乡村地区，受多种因素的影响，学生对文化教育的需求和兴趣普遍不高。这一现象背后的原因复杂多样，主要包括以下三个方面。

（1）家庭经济条件限制。许多乡村学生的家庭经济条件相对较差，父母往往更关注孩子的生计问题而非教育问题。这导致一些学生在完成义务教育后就选择辍学务农或打工，以减轻家庭的经济负担。这种做法不仅限制了学生的个人发展，也影响了乡村社会的整体进步。

（2）教育观念落后。在乡村地区，传统的教育观念仍然根深蒂固。许多家长和学生认为读书无用或读书不如打工实惠，缺乏对文化教育的正确认识和重视。这种观念上的偏差导致了学生对文化教育的需求和兴趣不高。

（3）学校教育方式单一。目前乡村学校的教育方式相对单一和陈旧，缺

乏创新和实践性。这使得学生在学习过程中难以感受到学习的乐趣和实用性，进一步降低了他们对文化教育的兴趣和需求。

为了提高乡村学生对文化教育的需求和兴趣，需要采取多方面的措施。首先，政府和社会应该加大对乡村教育的宣传力度，提高家长和学生对文化教育的认识。其次，学校应该创新教育方式和方法，引入更多实践性和趣味性的教学内容，激发学生的学习兴趣和动力。最后，还可以通过设立奖学金、提供就业机会等方式激励学生积极追求文化教育。

## 》》 第二节 加强乡村文化教育的措施

### 一、增加教育资源投入

教育资源是教育事业发展的基础，对于乡村教育而言，增加教育资源投入尤为重要。这不仅可以改善乡村学校的教学条件，提高教学质量，还有助于缩小城乡教育差距，促进教育公平发展。

（一）政府应加大对乡村教育的财政支持

乡村教育作为国民教育体系的重要组成部分，其发展水平直接关系到农村地区的经济、文化及社会的进步。然而，当前乡村教育正面临着资金短缺的严峻挑战，这已成为制约乡村教育持续健康发展的关键因素。为了改变这一现状，政府必须采取有力措施，切实加大对乡村教育的财政支持力度。

1. 增加教育经费投入，夯实乡村教育基础

教育经费是乡村教育发展的生命线。目前，许多乡村学校因资金不足而难以为继，更谈不上改善教学条件和提升教育质量。因此，政府应着重从财政预算中增加对乡村教育的投入比例。

提高乡村教育经费在财政预算中的占比，确保乡村学校有稳定的资金来源。政府可以根据乡村学校的实际需求和发展规划，制订科学合理的预算方案，确保每一所学校都能获得必要的资金支持。

设立专项教育基金是解决乡村教育资金问题的有效途径。政府可以拨付一定资金作为启动资金，同时吸引社会捐赠和投资，形成稳定的资金来源。这些资金可以用于支持乡村学校的特殊项目（如信息化建设、师资队伍建设、教学

设备更新等），从而推动乡村教育的全面升级。

## 2. 完善资金监管机制，确保经费合理使用

在增加财政投入的同时，如何确保这些资金能够真正用到乡村教育上，是政府必须面对的重要问题。因此，建立完善的资金监管机制至关重要。

政府应制定严格的教育经费使用规定，明确资金的使用范围、审批程序和监督方式。各乡村学校必须按照规定使用经费，不得挪作他用。同时，政府要定期对学校的经费使用情况进行检查和审计，确保资金使用的合规性和有效性。

加强信息公开和透明度建设。政府应定期公布乡村教育经费的投入和使用情况，接受社会监督。这不仅可以增强政府的公信力，还能有效防止浪费现象的发生。

对于违规使用教育经费的行为，政府应依法进行严肃处理。通过加大惩罚力度，形成有效的威慑力，确保教育经费的专款专用和合理使用。

## 3. 引导社会资本投入，形成多元化投入格局

在加大政府财政支持的同时，引导社会资本投入乡村教育也是解决资金问题的重要途径。社会资本具有灵活性和创新性强的特点，可以为乡村教育注入新的活力和动力。

政府可以通过制定优惠政策、提供税收减免等措施，鼓励企业和个人投资乡村教育。例如，对于投资乡村教育的企业，政府可以在土地出让、税费减免等方面给予支持；对于捐赠教育资金的个人或组织，政府可以颁发荣誉证书或给予一定的物质奖励。

同时，政府可以搭建平台，促进社会资本与乡村学校的对接合作。通过举办教育投资洽谈会、建立教育投资基金等方式，吸引更多的社会资本进入乡村教育领域。

此外，政府还应加强对社会资本投入乡村教育的监管和引导。要确保社会资本的使用符合教育规律和国家政策要求，防止资本过度追求利益而损害教育公平和质量。

### （二）改善学校设施，提供更多的教学设备和图书资料

乡村教育的振兴与发展，离不开学校设施的完善、教学设备的更新及图书资料的丰富。为了改善乡村学校的教学条件，满足日益增长的教育需求，政府需从多个维度进行细致且全面的投入与改革。

1. 改善学校设施，打造优质教育环境

学校设施是教育教学活动的基础，其完善程度直接关系到学生的学习效果和成长环境。当前，许多乡村学校的设施状况仍不尽如人意，存在教室破旧、实验室设备不足、运动场地简陋等问题。因此，政府应将改善学校设施作为提升乡村教育质量的首要任务。

政府应投入专项资金，对乡村校舍进行全面的修缮和改造。这包括加固建筑结构、更新墙面地面、改善采光通风等，以确保学生在安全、舒适的环境中学习。同时，应根据学校规模和实际需求，适当扩建校舍，增加教室、实验室等功能区域，以满足更多的教育需求。

政府应重视乡村学校运动场地的建设。运动是学生身心健康发展的重要保障，也是培养学生团队合作精神和竞争意识的重要途径。因此，政府应投入资金，为乡村学校建设标准化的运动场（包括足球场、篮球场、跑道等），以丰富学生的课余生活，促进他们的全面发展。

此外，政府还应关注乡村学校的卫生设施和食宿条件。在卫生设施方面，应确保学校有足够的厕所和洗手池，并定期进行清洁和维护，以保持校园的整洁和卫生。在食宿条件方面，对于需要提供住宿的学校，政府应投入资金改善宿舍环境，提供安全、舒适的住宿条件，并确保食堂的卫生和营养均衡，以满足学生的基本生活需求。

2. 提供更多的教学设备，助力现代化教学

随着科技的不断发展，现代化教学手段日益丰富多样。然而，许多乡村学校由于资金匮乏，无法及时更新教学设备，导致教学手段单一、教学效果不佳。为了改变这一现状，政府应加大对乡村学校教学设备的投入力度。

政府应为乡村学校配备先进的教学设备，如计算机、投影仪、电子白板等多媒体教学设备。这些设备不仅能够丰富教学手段、提高教学效果，还能激发学生的学习兴趣和创新能力。通过多媒体教学，教师可以更加直观、生动地展示知识内容，帮助学生更好地理解和掌握所学知识。

政府应关注学校实验室的建设和实验设备的配备。实验室是学生进行科学探究和实践操作的重要场所，对于培养学生的科学素养和实践能力具有重要意义。因此，政府应为乡村学校建设标准化的实验室投入资金，并配备齐全的实验设备和器材，以满足学生的实验需求。

3. 丰富图书资料，拓宽学生知识视野

图书是学生获取知识、开阔视野的重要途径之一。然而，在许多乡村学校

中，图书资料匮乏的问题仍然突出，制约着学生阅读能力和综合素质的提升。为了解决这个问题，政府需要采取有效措施来丰富乡村学校的图书资料。

政府应加大对乡村学校图书馆的投入力度，增加图书采购经费，采购更多种类丰富、内容健康的图书资料供学生借阅和学习使用；同时，建立完善的图书管理制度，以确保图书能够得到妥善保存和有效利用；此外，还可以定期开展阅读推广活动，以激发学生阅读兴趣，培养其良好的阅读习惯。

政府可以倡导社会各界共同参与乡村图书馆建设活动，通过捐赠图书、设立奖学金等方式支持乡村教育发展；鼓励企业和个人在乡村学校设立爱心书屋或图书角为学生提供更多便捷的阅读场所；加强与出版社的合作，推动优秀图书资源向乡村学校倾斜，降低采购成本，提高阅读资源可及性。

政府应加强对乡村学校图书馆管理员培训，提高他们的专业素养和管理能力，确保图书馆能够正常运营并为学生提供优质服务；同时，建立完善的监督机制，定期对乡村学校图书馆进行评估和检查，确保其发挥应有作用。

## 二、加强师资队伍建设

在乡村教育的发展过程中，师资队伍的建设是至关重要的环节。优秀的教师是教育质量提升的核心，加强师资队伍建设需要从提高教师待遇和加强教师培训两方面入手。

### （一）提高乡村教师的待遇，吸引和留住优秀教师

乡村教师是乡村教育的中坚力量，他们的稳定性和专业素养直接影响乡村教育的质量和水平。然而，乡村地区相对欠发达的经济条件和较为不尽如人意的生活环境，以及乡村教师的待遇普遍不高，导致了优秀教师难以被吸引和留住。为了改善这一状况，政府必须采取措施提高乡村教师的待遇，从而建立一支稳定、高素质的乡村教师队伍。

1. 提高薪酬待遇，彰显教师价值

薪酬待遇是吸引和留住人才的重要因素。对于乡村教师而言，合理的薪酬待遇不仅是对他们辛勤付出的肯定，更是对他们生活质量的保障。因此，政府应着重从提高乡村教师的薪酬待遇入手，以增加乡村教师岗位的吸引力。

政府应建立与乡村教师工作实际相匹配的薪酬体系。同时，针对乡村教师的特殊性和艰苦性，政府可以设立乡村教师津贴，以进一步增加乡村教师的实际收入。

政府应建立激励机制，鼓励乡村教师长期从教。例如，可以设立教龄津贴，对长期在乡村从教的教师给予额外的经济补助。此外，还可以设立优秀乡村教师奖励基金，对在教育教学工作中表现突出的乡村教师进行表彰和奖励，以激发他们的工作热情和职业荣誉感。

政府应确保薪酬待遇的公平性和透明度。在制定薪酬政策时，应充分考虑不同地区、不同学校及不同教师之间的差异性，确保薪酬待遇的公平合理。同时，政府应定期公布乡村教师的薪酬待遇情况，接受社会监督，以确保政策的公开透明和有效执行。

2. 完善福利制度，解决后顾之忧

除了薪酬待遇，完善的福利制度也是吸引和留住乡村教师的重要手段。政府应从乡村教师的实际需求出发，制定全面、细致的福利政策，以解决他们的后顾之忧。

政府应提供住房保障。针对乡村地区住房条件相对不佳的情况，政府可以投资建设乡村教师周转房或公寓，为乡村教师提供安全、舒适的居住环境。同时，对于计划购房的乡村教师，政府可以提供一定的住房补贴或贷款优惠政策，以减轻他们的经济负担。

政府应完善医疗保障制度。乡村地区的医疗资源相对匮乏，政府应加大投入建设完善的医疗卫生体系，为乡村居民、学生、教师提供优质的医疗服务。

3. 建立良好的职业发展通道，激发教师潜力

除了物质待遇，良好的职业发展通道也是吸引和留住乡村教师的关键因素。政府应重视乡村教师的职业发展需求，为他们提供广阔的成长空间和发展机会。

政府应建立公平的晋升机制。制定明确的晋升标准和程序，确保乡村教师在满足条件的情况下获得相应的晋升机会。同时，政府可以设立特级教师、学科带头人等荣誉称号，对在教育教学工作中表现突出的乡村教师进行表彰和奖励，以激发他们的职业荣誉感和归属感。

政府应鼓励和支持乡村教师参与教育教学研究活动。可以设立教育科研基金，资助乡村教师开展教育教学研究项目，推动他们不断探索新的教学方法和手段。同时，政府还可以搭建交流平台，促进乡村教师之间的经验分享和合作研究，以提升整个乡村教师队伍的专业素养和教学水平。

（二）加强教师培训，提升专业素养和教学水平

随着教育的不断改革与发展，教师的专业素养和教学水平成为决定教育质

量的关键因素。特别是在乡村地区，由于教育资源相对匮乏，教师的专业素养和教学能力显得尤为重要。因此，加强教师培训，提升他们的专业素养和教学能力，成为推动乡村教育发展的重要途径。

### 1. 定期开展教学技能培训

教学技能是教师的基本功，对于提高课堂教学效果具有至关重要的作用。然而，在乡村地区，由于种种因素，许多教师的教学技能水平还有待提高。因此，定期开展教学技能培训显得尤为重要。

政府应建立完善的培训体系。针对乡村教师的专业特点和实际需求，制订个性化的培训方案，提供系统的教育教学培训、心理辅导和职业规划指导等服务。通过培训，帮助乡村教师提升专业素养和教育教学能力，为他们的职业发展奠定坚实基础。

教育部门应制订详细的培训计划，定期组织针对乡村教师的教学技能培训。培训内容可以包括教学设计、课堂管理、学生评价等多个方面，旨在帮助教师掌握先进的教学方法和手段，提高他们在实际教学中的应对能力。同时，培训形式可以多样化（如专题讲座、案例分析、实践操作等），以满足不同教师的需求。

鼓励教师之间进行教学经验交流也是提升教学技能的重要途径。教育部门可以搭建交流平台，组织教师定期进行教学研讨、观摩评课等活动，让他们在互相学习和借鉴中不断成长。此外，还可以利用现代信息技术手段，建立教师之间的即时通信渠道，方便他们随时沟通和交流。

为了确保培训效果，教育部门还应建立完善的培训考核机制。通过对参与培训的教师进行考核，了解他们的掌握情况，并针对存在的问题进行及时指导和帮助。同时，将考核结果与教师的绩效评价挂钩，以激励他们更加积极地参与培训并付诸实践。

### 2. 加强学科知识更新培训

随着科技的不断进步和学科知识的日新月异，教师只有不断学习和更新自己的知识储备才能跟上时代的步伐。特别是在乡村地区，由于信息相对闭塞、资源有限，教师更需要通过培训来及时了解和掌握最新的学科知识。

教育部门应定期组织针对乡村教师的学科知识更新培训。培训内容可以围绕新课程标准、新教材解读、考试改革等方面展开，旨在帮助教师全面了解和掌握最新的学科知识体系和教学方法。同时，可以邀请专家学者进行专题讲座或组织教师外出学习考察等活动，以拓宽他们的视野和知识面。

为了激发教师的学习热情和动力，教育部门可以建立学科知识更新激励机制。例如，设立学科知识竞赛、优秀论文评选等活动，鼓励教师积极参与并展示自己的学习成果。同时，对于在学科知识更新方面表现突出的教师可以给予一定的物质奖励或晋升机会等激励措施。

需要强调的是，在加强学科知识更新的同时不能忽视对传统知识的传承和弘扬。乡村地区往往蕴含着丰富的民间文化和传统知识资源，这些资源对于培养学生的文化素养和民族精神具有重要意义。因此，在培训过程中也应注重对传统知识的挖掘和传承工作。

### 3. 注重职业道德教育

教师职业道德是教育质量的重要保障之一。一名具备高尚职业道德的教师不仅能够赢得学生的尊敬和爱戴，还能够潜移默化地影响学生的价值观和人生观。因此，在加强教师培训的过程中，必须注重对教师职业道德的教育和引导工作。

首先，教育部门应将职业道德教育纳入教师培训的重要内容，并制定具体的实施方案和考核标准，通过开展专题讲座、案例分析、角色扮演等多种形式的活动来加强教师对职业道德的认知和理解，同时引导他们在实践中践行职业道德规范，做到言传身教、为人师表。其次，学校应建立完善的师德考核机制，将教师的职业道德表现作为评价其工作的重要指标之一，对于违反职业道德的行为要及时予以纠正和处理，以维护教师队伍的整体形象和声誉。最后，加强教师职业道德教育是一个长期而持续的过程，需要教育部门、学校及社会各方面的共同努力和配合才能实现良好的效果。

## 三、优化教育内容与方法

随着社会的快速发展和教育改革的不断深入，优化乡村教育内容与方法显得愈发重要。为了使乡村教育更加符合当地实际，提升学生的学习兴趣和效果，需要从课程内容的设计和现代教育技术的引入两方面着手。

### （一）结合乡村实际，设计贴近学生生活的课程内容

乡村教育作为我国教育体系中的重要组成部分，承载着培养乡村学生、服务乡村发展的重要使命。然而，由于城乡之间的差异，乡村教育面临着诸多挑战。为了使乡村教育更加符合乡村学生的实际，提高教育质量，必须结合乡村实际，设计贴近学生生活的课程内容。这样不仅可以激发学生的学习兴趣，还

能培养他们的实践能力和创新精神，为乡村的可持续发展贡献力量。

1. 融入乡村文化和传统

乡村文化和传统是乡村教育的宝贵资源。将乡村文化和传统融入课程内容，可以丰富教学内容，增强学生的学习兴趣，也有助于传承和弘扬乡村文化。

乡村文化和传统的融入可以帮助学生更好地了解和认同自己的家乡。每个乡村都有独特的历史、风俗和习惯，这些都是乡村文化的重要组成部分。通过在课程中介绍乡村的历史沿革、名人轶事、民俗活动等，可以让学生更加深入地了解自己的家乡，增强对家乡的认同感和归属感。

乡村文化和传统的融入还可以培养学生的文化自信。在全球化的背景下，各种文化交融碰撞，乡村文化面临着被边缘化的风险。在课程中强调乡村文化的独特价值和意义，可以帮助学生树立文化自信，更好地保护和传承乡村文化。

教师可以通过多种方式将乡村文化和传统融入课程内容。例如，在历史课上，可以讲述乡村的历史变迁、重要事件和人物等；在语文课上，可以引入乡村的民间故事、传说和歌谣等；在美术课上，可以引导学生欣赏和创作具有乡村特色的艺术作品。此外，还可以组织学生进行实地考察、采访老一辈村民等活动，让他们更加直观地感受乡村文化的魅力。

2. 结合农业生产和生活实践

乡村学生与农业生产和生活实践有着密切的联系。因此，在课程内容中结合农业生产和生活实践，可以使学生更加深入地理解知识，提高实践能力。

结合农业生产可以帮助学生更好地理解生物学、地理学等学科知识。例如，在生物课上，教师可以引导学生观察农作物的生长过程，了解光合作用、呼吸作用等生物原理；在地理课上，教师可以讲解乡村地区的地理环境对农业生产的影响等。

结合生活实践可以培养学生的生活技能和解决问题的能力。例如，在数学课上，教师可以设置与乡村生活相关的应用题，如计算农田的产量、规划家庭预算等；在物理课上，教师可以讲解乡村常用的简单机械和工具的使用原理等。

为了更好地结合农业生产和生活实践，教师可以采取以下措施：一是定期组织学生进行农田实践活动（如播种、施肥、除草等），让他们亲身体验农业生产的艰辛和乐趣；二是邀请当地的农民或农业专家来学校讲座或示范教学，为学生提供更加直观和实用的知识；三是鼓励学生参与家庭农活或乡村社区的服务活动，培养他们的社会责任感和团队协作精神。

此外，在环保和可持续发展的背景下，乡村教育还应注重培养学生的环保意识。教师可以结合乡村环境问题（如水源保护、垃圾分类等），引导学生进行探究性学习。通过实地考察、数据收集和分析等方式，让学生更加深入地了解环保问题的重要性和紧迫性。同时，教师还可以鼓励学生提出解决方案，培养他们的创新思维和实践能力。

### 3. 关注学生的心理健康和成长需求

乡村学生面临着与城市学生不同的生活压力和挑战，如家庭经济困难、父母外出务工等。这些问题可能对学生的心理健康产生不良影响。因此，关注学生的心理健康和成长需求显得尤为重要。

心理健康教育应成为乡村教育的重要组成部分。学校可以定期开设心理健康教育课程或讲座，帮助学生了解心理健康知识，掌握调节情绪的方法。同时，教师还可以结合具体案例进行分析和讨论，引导学生树立正确的世界观、人生观、价值观。

课程内容应关注学生的成长需求。青春期是每个人都会经历的重要阶段，也是他们身心发展的关键时期。在课程内容中引入青春期教育、性别观念教育等内容，可以帮助学生更好地了解自己身体的变化和成长的需求。教师还可以引导学生树立正确的性别观念和婚恋观念，促进他们的全面发展。

除了以上提到的心理健康教育、青春期教育，乡村教育还应注重培养学生的社会责任感和公民意识。教师可以通过组织社区服务、环保活动等实践项目，让学生更加深入地了解社会问题并积极参与解决过程。这些活动不仅可以培养学生的团队协作精神和实践能力，还能帮助他们建立正确的道德观念，培养社会责任感。

### （二）引入现代教育技术，提高教学效果和学生兴趣

随着科技的飞速发展，现代教育技术已经成为教学改革的重要推动力。在乡村教育中，积极引入现代教育技术不仅可以极大地丰富教学手段，还能够显著提高教学效果，并激发学生的学习兴趣。现代教育技术通过提供直观、互动性强和个性化的学习方式，让乡村教育焕发新的活力。

### 1. 利用多媒体教学资源

多媒体教学资源是现代教育技术在教学中的重要应用之一。传统的黑板加

粉笔的教学方式往往难以生动地展现一些抽象或复杂的概念。而多媒体教学资源（如投影仪、电子白板及与之配套的图片、视频和音频资料）能够以更加直观、动态的方式呈现知识。

在乡村教育中，多媒体教学资源的应用可以带来多重益处。首先，它能够帮助学生更好地理解和掌握抽象的概念。例如，在化学课上，通过动画或视频展示化学反应过程，可以让学生更加清晰地看到分子结构的变化，从而加深理解。其次，多媒体教学能够激发学生的学习兴趣。生动的画面和悦耳的声音往往比枯燥的文字更能吸引学生的注意力。最后，多媒体教学还能提高教学效率。教师可以在课前准备好相关的教学资料，在课堂上直接展示，节省了写板书的时间，使教师有更多的时间用于讲解和与学生互动。

然而，要充分利用多媒体教学资源，乡村学校还需要解决一些实际问题。例如，设备采购和维护、教师技术培训及教学资源更新等。因此，政府和教育部门应加大对乡村教育的投入，提供必要的设备和技术支持，同时加强对教师的培训，确保他们能够有效地利用这些资源。

2. 开展网络教学

网络教学是现代教育技术的另一大亮点。随着互联网的普及和网络技术的进步，网络教学为乡村教育带来了新的可能性。网络教学打破了时间和空间的限制，让学生可以在家中或其他任何地方进行学习。

对于乡村学生来说，网络教学的好处是多方面的。首先，它解决了乡村地区由地理位置偏远导致的教育资源匮乏问题。学生可以通过网络接触到更多的学习资源和优质课程，从而拓宽知识面。其次，网络教学提供了更加个性化的学习方式。学生可以根据自己的学习进度和兴趣选择课程，进行自主学习。最后，网络教学还能促进学生的交流合作。通过网络平台，学生可以与来自不同地区、不同背景的同学进行交流讨论，拓宽视野。

在乡村教育中开展网络教学，需要解决网络覆盖、设备配备及教师培训等问题。政府和教育部门应积极推动乡村地区的网络建设，确保学生能够稳定地接入互联网。同时，为学校配备必要的网络设备（如电脑、平板等），以便学生进行在线学习。此外，还应加强对教师的网络教学技能培训，帮助他们掌握网络教学的方法和技巧。

网络教学不仅为学生提供了广阔的学习空间，也为教师提供了更多的教学手段和可能性。教师可以通过网络平台发布学习资源、布置作业、进行在线答疑等，从而提高教学效率和质量。

### 3. 引入虚拟现实（VR）和增强现实（AR）技术

虚拟现实（VR）和增强现实（AR）技术是近年来兴起的前沿科技，它们在教学领域的应用也日益广泛。这两种技术能够为学生提供沉浸式的学习体验，让他们仿佛置身于特定的学习环境中。

在乡村教育中引入 VR 和 AR 技术，可以极大地激发学生的学习兴趣和好奇心。例如，在地理课上，学生可以通过 VR 眼镜"游览"世界各地的名胜古迹，感受不同地域的文化风情；在历史课上，学生可以通过 AR 技术"重现"历史事件或场景，更加直观地了解历史的发展脉络；在生物课上，学生可以利用这些技术观察细胞的结构和生物体的内部构造等微观世界，从而加深对生物学知识的理解。

除了提供沉浸式的学习体验，VR 和 AR 技术还能培养学生的空间想象力和创新思维。通过这些技术，学生可以更加自由地探索未知领域，发挥想象力和创造力去解决问题。这种学习方式不仅有助于提高学生的自主学习能力，还能培养他们的团队协作精神和批判性思维。

要在乡村教育中广泛应用 VR 和 AR 技术，还需要克服一些困难。首先是设备成本问题，这些高科技设备的采购和维护成本相对较高，可能给乡村学校带来经济压力；其次是教师培训问题，教师需要掌握使用这些技术的技能和方法，以便有效地将其融入教学中；最后是教学资源问题，开发适合乡村教育的高质量 VR 和 AR 教学资源是一个长期而艰巨的任务。

为了克服这些困难并推动 VR 和 AR 技术在乡村教育中的应用和发展，政府、教育部门及社会各界需要共同努力提供资金支持和政策扶持；加强教师培训和技术指导；开发适合乡村教育的优质教学资源等。通过这些措施的实施，我们可以期待 VR 和 AR 技术在乡村教育中发挥更大的作用，为提升教学质量和培养学生的全面发展作出积极贡献。

## 》》 第三节　乡村文化教育创新的方向

### 一、整合乡土文化资源

乡土文化作为一定地域范围内各种自然因素和人文因素综合作用的产物，是乡村社会的宝贵遗产。在乡村教育中，有效地整合乡土文化资源不仅能够丰富教育内容，还能够增强学生的文化认同感和归属感。

（一）挖掘和利用乡村的传统文化、历史故事等资源

乡村地区蕴藏着丰富的传统文化和历史故事，这些资源是乡村教育宝贵的素材。挖掘和利用这些资源可以让学生更加深入地了解自己的家乡，增强文化自信。

（1）深入调研，系统挖掘。要对乡村的传统文化和历史故事进行深入的调研，包括当地的民俗风情、传统手工艺、古建筑等。通过走访当地老人、查阅历史资料等方式，系统挖掘这些资源的文化内涵和教育价值。

（2）分类整理，建立资源库。将挖掘到的乡土文化资源进行分类整理（如民间故事、传统技艺、历史人物等），建立乡土文化资源库。这样不仅可以方便教师进行教学设计，还能为学生提供丰富的学习材料。

（3）注重保护，传承文化。在挖掘和利用乡土文化资源的过程中，要注重对传统文化的保护。可以通过开展文化活动、举办展览等方式让更多人了解和传承乡村的传统文化，增强乡村文化的生命力。

（二）将乡土文化融入课堂教学和课外活动

将乡土文化资源融入课堂教学和课外活动可以让学生亲身参与其中，感受乡村文化的魅力，提升学习效果。

（1）结合课程内容，巧妙融入。教师可以根据学科特点，将乡土文化资源巧妙地融入课堂教学中。例如，在语文课上讲述当地的民间故事，在历史课上探讨乡村历史人物的事迹，在地理课上介绍乡村的地理环境和自然资源等。这样不仅可以丰富课程内容，还能激发学生的学习兴趣。

（2）开展主题活动，深化体验。教师可以利用课外活动时间，组织学生开展以乡土文化为主题的活动，如传统手工艺制作、乡村风情画展、历史故事表演等。通过亲身参与和体验，学生可以更加深入地了解乡村文化的内涵和价值。

（3）校社合作，拓展空间。学校可以与当地的文化机构、社区等合作，共同开展乡土文化教育活动。例如，学校可以邀请当地民间艺人进校园进行技艺展示和教学，组织学生参观当地的古建筑、历史遗址等，这样可以为学生提供更加广阔的学习空间和实践机会。

## 二、推广信息化教育手段

随着信息技术的迅猛发展，信息化教育已成为教育改革的重要方向。利用互联网和多媒体技术丰富教学手段，以及建立在线教育平台共享优质教育资源，是推动乡村教育信息化的关键举措。

（一）利用互联网和多媒体技术，丰富教学手段

互联网和多媒体技术的快速发展为教育领域带来了前所未有的变革。在乡村教育中，积极利用这些技术可以极大地丰富教学手段，提高教学效果。

（1）应用多媒体教学。通过引入多媒体教学，教师可以利用图像、音频、视频等多种形式呈现教学内容，使得课堂更加生动有趣。这种直观、形象的教学方式有助于激发学生的学习兴趣，提高他们的学习积极性和参与度。

（2）开展网络教学。借助互联网平台，教师可以进行远程授课，打破时间和空间的限制。学生可以在家中或其他地方通过网络参与课堂学习，实现随时随地学习。这种方式特别适合乡村地区，可以解决由地理位置偏远造成的教育资源不均衡问题。

（3）使用教育软件和应用软件。随着智能手机的普及，越来越多的教育软件和应用软件被开发出来。这些教育软件和应用软件通常具有互动性强、寓教于乐的特点，能够让学生在轻松愉快的氛围中学习知识。教师可以引导学生使用这些教育软件和应用软件，作为课堂教学的有益补充。

（二）建立在线教育平台，共享优质教育资源

在线教育平台的建立是实现教育资源共享的重要途径。建立在线教育平台，可以将优质的教育资源聚集起来，供更多的学生和教师使用。

（1）搭建共享平台。功能完善的在线教育平台应该具备课程发布、在线学习、互动交流等基本功能，同时支持多种终端设备访问，以满足不同用户的需求。

（2）整合优质资源。平台应积极整合各方面的优质教育资源，包括名师课程、教学资料、学习工具等。这些资源可以来自不同的教育机构、教师或个人，通过严格的审核机制确保资源的质量和适用性。

（3）促进互动交流。在线教育平台不仅是一个资源共享的平台，还应该是一个互动交流的平台。学生可以在平台上提问、讨论，教师可以进行答疑、

指导。这种互动交流有助于激发学生的学习兴趣，增强他们的学习效果。

（4）推动教育公平。通过在线教育平台，乡村地区的学生也可以接触到与城市学生同等的优质教育资源。这有助于缩小城乡教育差距，推动教育公平。同时，平台还可以为乡村教师提供培训和学习机会，提升其教学水平和专业素养。

## ❯❯ 第四节　文化教育创新促进乡村社会治理的案例

### 一、案例选择：某乡村学校的文化教育创新实践

#### （一）案例的典型性与代表性

在推进乡村教育振兴的大背景下，精选了某乡村学校的文化教育创新实践作为深入研究的案例。该校的实践不仅在教育领域内产生了深远影响，更在乡村社会治理方面展现了其独特的价值。选择的依据主要基于该案例的典型性与代表性。

该校地处偏远，所处地区经济欠发达，教育资源相对匮乏，这些都是我国众多乡村学校面临的共性问题。然而，正是在这样的环境下，该校通过文化教育创新，实现了学生文化素养的显著提升，同时为乡村社会治理注入了新的活力。这种在逆境中求变、求新的精神，以及所取得的显著成效，使得该案例具有鲜明的典型性。

此外，该案例还具有很强的代表性。它所反映的不仅是一所学校的变革，更是我国乡村教育在新时代背景下的探索与尝试。通过对该案例的深入研究，可以洞察乡村教育发展的普遍规律和趋势，为其他类似学校提供有益的借鉴和参考。

#### （二）案例的创新性与实践性

该校文化教育创新实践最突出的特点就是创新性和实践性。在面对教育资源匮乏、师资力量薄弱等现实问题时，该校没有选择等待和抱怨，而是积极寻求变革和创新。他们充分挖掘和利用乡村本土文化资源，将其融入日常教学中，不仅丰富了教学内容，也激发了学生的学习兴趣。

同时，该校注重实践教学的开展。该校组织学生参与各种社会实践活动，让学生在实践中学习，在学习中实践。这种教学方式不仅提高了学生的实践能力，也增强了他们的社会责任感。

## 二、背景介绍

### （一）地理环境与经济状况

该校位于我国的偏远乡村地区，地理环境相对封闭，交通不便。这一地区以农业为主导，经济发展水平相对较低，人均收入不高。由于地理位置偏远和经济发展缓慢，该地区的教育资源相对匮乏，教育投入有限，这在一定程度上制约了学校的发展和教育质量的提升。

### （二）教育资源与师资力量

在教育资源方面，该校面临着诸多挑战。首先，由于地处偏远，学校的教学设施相对落后，缺乏现代化的教育设备。图书资料有限，实验器材不足，这在一定程度上限制了学生的学习范围和深度。其次，该校的师资力量薄弱。由于地区经济欠发达，难以吸引和留住优秀的教育人才。在现有的教师队伍中，部分教师年龄偏大，知识结构相对陈旧，难以适应新时代的教育需求。年轻教师虽然充满活力，但由于经验和资源的限制，往往难以充分发挥自己的才能。

### （三）学生的学习环境面临的挑战

在这样的背景下，该校学生的学习环境也面临诸多挑战。一方面，由于教育资源匮乏，学生的学习资料有限，难以接触到丰富多样的学习资源。另一方面，由于师资力量薄弱，学生难以得到高质量的指导和辅导。这些不利条件严重影响了学生的学习效果和全面发展。同时，由于家庭经济条件的限制，部分学生还面临着辍学的风险。

## 三、创新实践

为了改变这一现状，该校进行了一系列文化教育创新实践，旨在提升学生的文化素养和实践能力，同时促进乡村社会治理的改进。

### （一）引入乡土文化资源，开设特色课程

#### 1. 挖掘与整合乡土文化资源

为了充分利用乡土文化资源，该校组织教师和学生进行了深入的田野调查，收集和整理了大量的民间故事、传统手工艺、乡村风俗等资料。这些资源不仅丰富了学校的教学内容，还为学生提供了一个了解和传承本土文化的平台。通过对这些资源的挖掘和整合，学校成功地将乡村文化融入日常教学中，让学生在学习知识的同时，能够感受到乡村文化的独特魅力。

#### 2. 设计与实施特色课程

基于挖掘的乡土文化资源，该校设计了一系列特色课程，如"乡村文化探秘""传统手工艺制作"等。这些课程注重学生的亲身参与和体验，让学生在实践中深入了解乡村文化的内涵和价值。例如，在"乡村文化探秘"课程中，学生需要实地走访乡村，收集并整理相关的文化资料，最后形成研究报告。这样的教学方式不仅增强了学生的实践能力，还培养了他们的文化传承意识和创新精神。

#### 3. 激发学生的学习兴趣与热情

特色课程的开设极大地激发了学生对乡村文化的兴趣。学生在课堂上表现出极高的学习热情，积极参与各种文化活动，如手工艺制作、民间歌舞表演等。这些活动不仅让学生更加深入地了解了乡村文化，还提高了他们的文化素养和审美能力。同时，学校鼓励学生将所学知识应用到实际生活中，为乡村文化的传承和发展贡献自己的力量。

### （二）利用信息化手段，建立在线教育平台

随着信息技术的迅猛发展，教育领域正迎来前所未有的变革。对于资源相对匮乏的乡村地区，利用信息化手段建立在线教育平台不仅能够弥补教育资源的不足，更能为乡村学生提供更广阔的学习空间和更优质的教育资源。以下将从构建在线教育平台、共享优质教育资源，以及提升学习效果与教育质量三个方面，详细探讨这一举措的深远意义和实践效果。

#### 1. 构建在线教育平台

为了有效解决乡村教育资源短缺的问题，该校积极引入信息化技术，构建了在线教育平台。这一平台充分整合了现有的教育资源，并通过互联网将其传递给每名学生，打破了时间和空间的限制，让学习变得更加灵活和便捷。

在线教育平台为学生提供了丰富多彩的学习资源。其中，视频课程是最受

欢迎的学习形式之一。平台汇聚了众多优秀教师的讲解视频，涵盖了各个学科的重点难点知识。学生可以根据自己的学习进度和兴趣，随时随地观看这些视频课程，进行自主学习。此外，平台还提供了大量的在线测试和学习资料，帮助学生巩固所学知识，检验学习效果。

除了丰富的学习资源，在线教育平台还具备强大的互动功能。学生可以在平台上随时提问，与其他学生和教师进行在线讨论和交流。这种互动式的学习方式不仅能够激发学生的学习兴趣，还能帮助他们在讨论中深化对知识的理解，增强学习效果。

为了确保平台的稳定运行和持续更新，该校还建立了专业的技术团队，负责平台的维护和升级工作。同时，积极与各方合作，不断引入新的教育资源和教学理念，努力将在线教育平台打造成一个开放、共享、创新的学习社区。

2. 共享优质教育资源

在线教育平台的建立，不仅为乡村学生提供了丰富的学习资源，更为他们打开了通往优质教育资源的大门。通过与城市优质学校建立合作关系，实现了教育资源共享，让乡村学生也能够接触到名师的讲座、精品课程等优质教育资源。

这种资源的共享对于促进教育公平具有重要意义。过去，由于地域和经济条件的限制，乡村学生往往难以接触到优质的教育资源。而现在，通过在线教育平台，乡村学生可以轻松地获取到这些资源，与城市学生站在同一起跑线上。这不仅提高了乡村学生的学习效果，也为他们的未来发展奠定了坚实的基础。

同时，共享优质教育资源还有助于缩小城乡教育差距。通过引入城市优质学校的教育理念和教学方法，乡村学校可以不断提升自身的教学水平，为学生提供更好的教育服务。这种良性的互动和合作将有助于推动整个教育系统的持续发展和进步。

3. 提升学习效果与教育质量

在线教育平台的建立为学生学习提供了极大的便利，也为教师提供了更多的教学手段和可能性。学生可以根据自己的学习进度、兴趣和能力进行个性化学习。他们可以选择适合自己的学习资源和路径，自主安排学习时间和进度。这种个性化的学习方式不仅能够激发学生的学习兴趣和积极性，还能帮助他们更好地理解和掌握所学知识。

同时，教师可以通过在线教育平台对学生的学习情况进行实时监控和反馈。教师可以利用平台提供的数据分析工具，了解学生的学习进度、掌握情况和学习难点等信息。根据这些信息，教师可以及时调整教学策略和方法，为学生提供更有针对性的指导和帮助。这种精准的教学反馈机制不仅有助于提高教学效果和质量，还能让教师更加了解学生的学习需求和问题所在，从而更好地履行教书育人的职责。

此外，在线教育平台的崛起不仅为学生提供了丰富的学习资源，还为教师和学生之间搭建了一个全新的交流和互动平台。这种新型的交流方式，正在逐渐改变传统的教育模式，为教育带来了更多的可能性和活力。

在传统的教育模式下，教师和学生之间的交流和互动往往受到时间和空间的限制。教师只能在课堂上与学生进行面对面的交流，而学生课后遇到问题，往往难以及时得到解答。在线教育平台的出现打破了这一局限，让教师和学生可以随时随地进行在线交流和互动。

教师可以通过在线教育平台与学生进行在线讨论。在讨论区，学生可以发表自己的观点和看法，与其他学生和教师进行深入的交流和探讨。这种讨论不仅能够帮助学生深化对知识的理解，还能激发他们的思维火花，拓宽他们的视野。同时，教师可以通过讨论了解学生的思想动态和学习需求，从而更好地指导他们。

作业批改也是在线教育平台提供的一项重要服务。学生可以在平台上提交作业，教师可以在线进行批改和点评。通过作业批改，教师可以及时了解学生的学习情况和对知识掌握程度，从而调整教学策略和方法。同时，学生可以从教师的批改和点评中了解自己需要改进的地方，进一步提升自己的学习能力。

对于学生而言，在线教育平台不仅是一个学习的工具，更是一个与教师和同学交流的平台。学生可以通过平台向教师请教问题，分享自己的学习心得和体会。这种互动式的学习方式不仅能够激发学生的学习兴趣和主动性，还能培养他们的团队协作能力和创新精神。在与教师和同学的交流中，学生可以学会倾听他人的意见，表达自己的观点，从而提升自己的沟通能力和社交技巧。

值得一提的是，在线教育平台的互动式教学方式还有助于培养学生的创新精神。在讨论和交流中，学生只有不断思考、探索和创新，才能提出有深度的观点和看法。这种思维方式的训练，对于学生的未来发展具有重要意义。它不仅能够帮助学生更好地适应社会的变化和挑战，还能为他们的职业生涯奠定坚实的基础。

# 第六章 新时代乡村社会治理的环境保护创新

>> **第一节 乡村环境保护的紧迫性**

## 一、生态文明建设背景下的环境保护要求

### (一)坚持绿色发展理念

在生态文明建设的宏大背景下,环境保护的首要任务是坚定不移走生态优先、绿色发展之路。这一理念是对传统发展模式的深刻反思与积极改进,它标志着人类对于自然环境与经济发展关系的重新认识。

绿色发展理念的提出,反映了人们对于过去那种以牺牲环境为代价的粗放型增长方式的深刻反省。在过去的几十年里,为了追求经济的快速发展,不少地区出现了过度开发、资源浪费、环境污染等严重问题。这些问题不仅影响了当代人的生活质量,更对子孙后代的生存环境构成了严重威胁。

因此,坚持绿色发展理念,就是要在经济社会发展过程中,始终坚持节约资源、保护环境的基本原则,实现经济、社会和环境三者之间的协调与平衡。具体来说,就是要转变经济发展方式,从主要依靠增加物质资源消耗向主要依靠科技进步、劳动者素质提高、管理创新转变。同时,要大力发展循环经济,促进资源节约和综合利用,推动产业结构的优化升级,努力形成节约能源资源和保护生态环境的产业结构、增长方式、消费模式。

此外,绿色发展理念还强调公众的参与和对公众教育。通过加强环境教育,提高公众的环境意识,引导人们形成绿色、低碳、环保的生活方式和消费

习惯。只有当每一个人都认识到自己的环境责任，并付诸实践，绿色发展理念才能真正落地生根。

为了实现绿色发展理念，政府、企业和公众都需要承担起各自的责任。政府要制定和完善相关政策法规，引导和规范社会各方面的行为；企业要加大技术创新力度，提高资源利用效率，减少污染排放；公众要积极参与环保活动，践行绿色生活方式。只有这样，我们才能在生态文明建设的道路上不断前进，为子孙后代留下一个天蓝、地绿、水清的美好家园。

### （二）完善环境保护法律法规

在生态文明建设的过程中，完善的环境保护法律法规是确保环境保护工作有效进行的重要保障。法律法规不仅为环境保护提供了明确的指导和规范，还能有效地约束和惩治破坏环境的行为，从而维护生态环境的稳定和可持续发展。

完善的环境保护法律法规能够明确各方在环境保护中的责任和义务。这包括政府、企业、公众等各个层面。政府有责任制定和执行环境保护政策，企业有义务遵守环保法律法规并减少污染排放，公众则应当积极参与环保活动并监督环境违法行为。通过法律法规的明确规定，可以促使各方共同参与到环境保护中来，营造全社会共同保护环境的良好氛围。

法律法规能规范有关环境的行为，防止和减少环境破坏。通过设定严格的排放标准、限制污染物的种类和数量等措施，可以有效地控制污染源的排放，保护大气、水体和土壤等环境要素不受污染。同时，对于违反环保法律法规的行为，法律法规也规定了相应的处罚措施，如罚款、停产整治、吊销营业执照等。

### （三）推动产业结构优化升级

在生态文明建设背景下，环境保护的第三个重要要求是推动产业结构的优化升级。随着全球环境问题日益严重，传统的产业结构已经难以适应可持续发展的需求。因此，我们必须积极推动产业结构朝更加环保、高效、低碳的方向转型。

对传统的高污染、高能耗产业进行改造和升级。这些产业在生产过程中往往会产生大量的污染物和温室气体排放，对环境造成严重影响。通过引进先进的环保技术和设备，优化生产流程，降低能耗并减少排放，可以提高这些产业的环保性能。同时，政府还应出台相关政策，鼓励企业采用清洁能源和可再生能源，减少对化石能源的依赖。

大力发展新兴产业，特别是绿色低碳产业。新兴产业具有创新性强、技术含量高、环保性能好等特点，是推动经济绿色转型的重要力量。政府应加大对新兴产业的扶持力度，鼓励企业加大研发投入，培育新的经济增长点。同时，应加强与国际社会的交流与合作，引进先进的绿色低碳技术和管理经验，推动我国新兴产业快速发展。

在推动产业结构优化升级的过程中，还需要注重人才培养和技术创新。要加强高等教育和职业教育中环保、新能源等相关专业的建设和发展，培养一批具备创新精神和实践能力的专业人才。同时，应鼓励企业提高自主创新和技术研发能力，推动环保技术的突破和应用。

此外，公众意识的提升也是推动产业结构优化升级的重要因素。要加大环保宣传和教育力度，提高公众对环保问题的认识和重视程度。只有当全社会都形成绿色消费、低碳生活的理念时，才能真正推动产业结构的绿色转型和升级。

## 二、乡村可持续发展与环境保护的关联

### （一）环境保护是乡村可持续发展的基础

乡村作为中国社会的重要组成部分，承载着农业生产、文化传承、生态保护等多重功能。在追求乡村可持续发展的道路上，环境保护是其不可或缺的基础。

环境保护为乡村带来了清新的空气。随着城市化的推进，许多城市面临着严重的空气污染问题。而乡村地区由于工业化程度相对较低，自然环境得以较好地保持。清新的空气不仅为乡村居民提供了健康的生活环境，还吸引了大量的城市居民前来休闲度假，从而带动了乡村旅游业的发展，为乡村经济注入了新的活力。

洁净的水源是乡村可持续发展的又一重要基石。水是生命之源，对于农业生产尤为重要。环境保护确保了乡村地区的水源不受污染，为农业生产提供了可靠的水资源保障。同时，洁净的水源也吸引了众多水产养殖业者，进一步丰富了乡村的产业结构。

肥沃的土壤是农业生产的核心要素。环境保护通过尽量减少化肥和农药的

使用，保持土壤的肥力和生态平衡。这不仅有利于农作物的健康生长，还降低了农产品中的有害物质含量，提高了农产品的市场竞争力。

除了上述提到的空气、水源和土壤，环境保护还涉及生物多样性的保护。乡村地区的生物多样性对于维持生态系统的平衡和稳定具有重要意义。通过保护野生动植物种群及其栖息地，可以保障乡村生态系统的完整性，从而为乡村的可持续发展提供坚实的生态基础。

### （二）乡村可持续发展促进环境保护

乡村可持续发展与环境保护之间存在着紧密的联系。事实上，乡村可持续发展不仅有助于提升乡村居民的生活品质，还能在很大程度上促进环境保护工作的深入开展。

乡村可持续发展推动了生活方式的绿色转型。随着乡村经济的发展和乡村居民生活水平的提高，人们对环境保护的意识也在逐渐增强。乡村居民开始更加注重生态环境的质量，倾向于选择绿色、环保的生活方式。这种转变不仅减少了生活垃圾的产生，还降低了对自然资源的过度消耗，从而有效地保护了乡村环境。

乡村可持续发展促进了农业生产的绿色化。在传统的农业生产模式中，化肥和农药的大量使用往往会对环境造成严重的污染。然而，在可持续发展理念引导下，乡村农业开始转向生态农业、有机农业等环保型农业生产方式。这些方式不仅提高了农产品的品质和安全性，还显著减少了对环境的破坏和污染。

乡村可持续发展带动了环保产业的发展。随着环保意识的普及和乡村经济的发展，越来越多的乡村地区开始发展环保产业，如垃圾分类处理、污水处理等。这些产业的发展不仅为乡村居民提供了更多的就业机会，还有效地改善了乡村环境状况。

同时，不能忽视乡村可持续发展在文化传承方面的作用。许多乡村地区拥有丰富的自然资源和文化遗产，通过可持续发展的方式保护和利用这些资源，既能够促进当地经济的发展，又能够保护自然环境和文化遗产的完整性。这种平衡发展的方式对于环境保护具有深远的意义。

## 第二节 乡村环境保护创新的策略

### 一、环保技术的创新与应用

#### （一）推广环保科技在乡村的应用

##### 1. 环保科技的重要性

环保科技作为现代社会发展的重要支撑，在解决环境问题、推动可持续发展方面扮演着举足轻重的角色。尤其在乡村地区，环保科技的应用显得更为迫切和必要。乡村环境作为自然生态系统的重要组成部分，其质量直接关系到广大农民的生活品质和农业生产的可持续性。因此，推广环保科技在乡村的应用，对于改善乡村环境质量、促进农业生产的绿色转型及提高农民的生活质量具有深远的意义。

环保科技的应用有助于改善乡村环境质量。随着农业现代化的推进，乡村地区也面临着环境污染的问题，如农药残留、化肥过量使用、畜禽养殖污染等。环保科技能够通过提供清洁能源、减少污染物排放、促进废弃物资源化利用等手段，有效降低环境污染，保护乡村生态环境。

环保科技是推动农业生产绿色转型的关键。传统的农业生产方式往往对环境和资源造成较大压力，环保科技则能够提供更加环保、高效的农业生产技术和设备（如节水灌溉技术、生物防治技术等），从而减少农业生产对环境的破坏，提高农业生产的可持续性。

环保科技的应用能提高农民的生活质量。环保科技不仅能够为农民提供更加安全、健康的生活环境，还能通过提高农业生产效率、降低生产成本等方式增加农民的经济收入，进而提升他们的生活水平。

##### 2. 推广环保科技的策略

要在乡村地区有效推广环保科技，必须采取全方位、多层次的策略。这些策略需要涵盖政策支持、资金投入、宣传教育及示范引领等多个方面，以确保环保科技能够在乡村地区得到广泛应用和认可。

政府应发挥主导作用，制定并实施针对乡村环保科技的政策和规划。通过实施税收优惠、资金补贴等政策措施，鼓励科研机构和企业积极研发适合乡村的环保技术和产品。同时，政府应建立健全环保科技推广体系，为乡村地区提供技术支持和服务。

加大资金投入是推广环保科技的重要保障。政府应设立专项资金，用于支持乡村环保科技项目的研发和实施。此外，还可以引导和鼓励社会资本投入乡村环保科技领域，形成多元化的投资格局。

在宣传教育方面，需要通过多种渠道和形式，向农民普及环保科技的知识和重要性。可以利用广播、电视、报纸等传统媒体，以及互联网、社交媒体等新兴媒体进行广泛宣传。同时，可以组织专家讲座、培训班等活动，提高农民对环保科技的认识程度和接受程度。

为了更直观地展示环保科技在乡村应用的效果，建立示范项目是一种非常有效的方法。通过选取具有代表性的乡村地区，建立环保科技示范点，展示先进的环保技术和产品在实际应用中的效果。这不仅可以为其他地区提供可借鉴的经验，还能吸引更多的乡村地区采纳环保科技。

除此之外，加强与国际社会的交流与合作也是推广环保科技的重要途径。可以引进国外先进的环保技术和经验，结合我国乡村地区的实际情况进行消化吸收和再创新。同时，可以将我国乡村环保科技的成果推向国际市场，扩大国际影响力。

## （二）采用适合乡村的污水处理和垃圾处理技术

### 1. 乡村污水处理技术的探索

随着乡村经济的快速发展和乡村居民生活水平的提升，乡村污水排放问题逐渐成为环境保护的重要议题。要有效解决这一问题，必须深入探索并应用适合乡村特点的污水处理技术。这些技术应兼具经济效益和环境效益，以满足乡村可持续发展的需求。

生态处理技术以其独特的优势在乡村污水处理中占据重要地位。人工湿地和生态浮床是两种典型的生态处理技术。人工湿地通过模拟自然湿地的生态功能，利用湿地植物、微生物和介质的综合作用来净化污水。这种技术不仅投资少、运行费用低，而且处理效果较好，特别适用于乡村地区。生态浮床则是一种在水面上种植植物的技术，通过植物的吸收作用和微生物的分解作用来处理污水。这种技术具有灵活性高、占地面积小等优点，非常适合乡村分散式污水处理。

为了满足乡村分散式污水处理的需求，还可以引进一些小型的污水处理设备。一体化污水处理装置就是一种理想的选择。这种设备将污水处理过程中的各个环节集成在一个设备中，具有占地面积小、安装方便、运行稳定等优点。采用这种设备可以有效地处理乡村地区的分散式污水，提高水质，保护乡村水环境。

在推广这些技术的过程中，还需要充分考虑乡村地区的实际情况。例如，不同地区的气候条件、水资源状况、经济发展水平等因素都会对污水处理技术的选择和应用产生影响。因此，需要因地制宜地制订污水处理方案，确保技术的适用性和可持续性。

2. 乡村垃圾处理技术的探索

随着乡村经济的蓬勃发展和生活水平的提升，垃圾产生量也呈现逐年增长的趋势。传统的填埋和焚烧方式已无法满足现代乡村垃圾处理的需求，因此，探索适合乡村的垃圾处理技术显得尤为重要。

在众多垃圾处理技术中，垃圾分类和资源化利用技术脱颖而出。通过垃圾分类，可以将可回收垃圾进行有效的回收再利用，从而实现资源的最大化利用。这不仅有助于减少垃圾的产生，还能为乡村经济带来新的增长点。同时，针对有机垃圾，可以引进生物降解技术，将其转化为肥料或饲料。这种技术不仅环保，还能为农业生产提供有机肥料，促进农业生产的可持续发展。

当然，对于一些不可回收的垃圾，也需要采取科学的处理方式。高温焚烧技术是一种可行的选择。通过高温焚烧，可以将垃圾中的有害物质进行分解，并严格控制排放标准，从而减少对环境的污染。同时，焚烧过程中产生的飞灰和废气也需要进行妥善处理，以防止二次污染。

除了上述技术，还应该注重乡村垃圾处理设施的建设和管理。这包括建立完善的垃圾收集、运输和处理体系，以确保垃圾的及时清理。同时，加强乡村居民的环保教育，提高他们的环保意识，也是推动乡村垃圾处理工作开展的关键。

## 二、环保意识的提升与教育

### （一）加强乡村居民的环保意识教育

#### 1. 环保意识教育的重要性

环保意识教育在当今社会具有举足轻重的地位，它不仅是培养个人对于环境保护的责任感和使命感的重要途径，更是推动整个社会实现可持续发展的关键因素。特别是在乡村地区，由于地理环境相对封闭，资源利用方式较为传统，居民的环保意识普遍不强，因此，加强环保意识教育显得尤为重要。

加强环保意识教育有助于提升乡村居民对环境保护的认知水平。通过教育引导，居民将更加深入地了解环境保护的重要性，认识到自身行为对环境产生的直接影响，从而在日常生活中更加注重环保，减少污染环境的行为。

环保意识教育有助于培养乡村居民的环保责任感和使命感。当居民意识到自己作为地球村的一员，有责任也有义务保护我们共同的家园时，他们将更加积极地参与环保行动，为改善乡村环境贡献自己的力量。

加强环保意识教育有助于推动乡村社会的可持续发展。环保不仅关乎当前的生活环境，更影响着未来世代的命运。通过环保意识教育，可以引导乡村居民摒弃短视的资源开发方式，转向更加环保、可持续的发展路径，为子孙后代留下一个绿色、和谐的家园。

因此，必须将环保意识教育作为乡村发展的重要一环，通过多种形式、多种渠道加强宣传教育，让环保理念深入人心，成为乡村居民的自觉行动。

2. 环保意识教育的途径与方法

在乡村地区加强居民的环保意识教育，需要采取多元化的途径和方法，以确保信息的有效传递和教育的广泛覆盖。以下是环保意识教育的途径与方法。

利用现代媒体进行广泛宣传是关键。通过广播、电视、报纸以及互联网等媒体平台定期发布环保知识、政策动态和成功案例，让乡村居民在日常生活中不断接触到环保信息，从而逐步建立起环保意识。特别是网络新媒体（如微信公众号、短视频平台等），具有传播速度快、互动性强等特点，是开展环保意识教育的重要阵地。

组织环保知识讲座和培训是有效方法。可以邀请环保专家、学者或志愿者前往乡村，为乡村居民举办定期的环保知识讲座和培训。通过这些活动，乡村居民可以深入了解环保的重要性、方法和实践案例，从而提高他们的环保素养和实践能力。

将环保意识教育纳入学校课程是长远之计。乡村学校作为教育的主阵地，应该将环保意识教育作为素质教育的重要内容。通过开设环保课程、组织环保实践活动等，从小培养孩子的环保意识，让他们成为推动乡村环保事业的新生力量。

此外，还可以开展环保主题活动（如环保知识竞赛、环保手工制作等），以寓教于乐的方式提高乡村居民的环保意识。同时，发挥乡村社区的作用，通过社区公告栏、宣传画等形式，将环保知识传递给乡村居民。

## （二）开展环保主题活动，提高居民参与度

### 1. 环保主题活动的意义

在乡村地区，开展环保主题活动具有深远的意义。这些活动不仅能够直接提升乡村居民的环保意识，还能够促进社区的凝聚力，共同为乡村的可持续发展贡献力量。

环保主题活动是传播环保理念、提高环保意识的重要载体。通过参与活动，居民可以更加直观地了解环保知识，认识到环保的重要性，从而在日常生活中更加注重环境保护，减少污染和浪费。这种教育方式的实际效果往往远胜于单纯的口头宣传或文字教育。

环保主题活动有助于培养乡村居民的环保责任感和使命感。当居民亲身参与环保活动，他们会更加深刻地体会到自己作为地球村的一员所肩负的责任。这种责任感和使命感将激励他们更加积极地投身于环保行动中，为改善乡村环境贡献自己的力量。

环保主题活动为乡村居民提供了一个交流互动的平台。在活动中，居民可以相互交流环保经验，共同探讨解决环境问题的途径和方法。这种互动不仅有助于增进彼此之间的了解和信任，还能够促进乡村社区的和谐发展。

环保主题活动是推动乡村环保事业发展的重要途径。通过开展活动，可以发现和培养一批热心于环保事业的志愿者，他们将成为推动乡村环保事业发展的中坚力量。同时，活动还能够吸引更多的社会关注和支持，为乡村环保事业的发展创造良好的外部环境。

### 2. 环保主题活动的形式与内容

环保主题活动的形式和内容是活动成功的关键。具有合适与恰当的形式和内容的环保主题活动既能吸引乡村居民的注意，又能有效地传递环保理念。为此，可以设计多种形式的环保主题活动，并结合实际情况，选择具有针对性和趣味性的内容。

在形式上，可以举办环保知识竞赛，通过答题的方式让居民在竞赛中学习和巩固环保知识。此外，环保手工制作大赛也是一个不错的选择，它不仅可以激发居民的创造力，还能让他们在制作过程中体会到废物利用的乐趣和重要性。也可以组织环保义务植树活动，让居民亲手为乡村增添一抹绿色。

除了上述几种形式，还可以根据乡村的实际情况和居民的兴趣爱好，设计更多具有创新性的活动。例如，可以举办环保主题的摄影比赛，鼓励居民用镜

头记录下身边的环保故事；开展环保主题的征文活动，让居民通过文字表达自己对环保的理解和感悟。

在内容方面，可以围绕垃圾分类、节能减排、生态保护等主题展开活动。例如，在环保知识竞赛中，可以设置与这些主题相关的题目，引导居民深入了解和学习相关知识；在环保手工制作大赛中，可以鼓励居民利用废旧物品进行创作，展示废物利用的可能性和魅力；在义务植树活动中，可以向居民介绍不同植物对环境的益处，以及正确的植树方法。

## ≫ 第三节　绿色农业与乡村生态旅游的发展

### 一、绿色农业的发展策略

（一）推广有机农业和生态农业

1. 有机农业和生态农业的概念及意义

有机农业是指在生产中完全或基本不使用人工合成的肥料、农药、生长调节剂和畜禽饲料添加剂，而采用有机肥满足作物营养需求的种植业，或采用有机饲料满足畜禽营养需求的养殖业。生态农业则是按照生态学原理和经济学原理，运用现代科学技术成果和现代管理手段，以及传统农业的有效经验建立起来的，能获得较高的经济效益、生态效益和社会效益的现代化高效农业。推广有机农业和生态农业，对于保护生态环境、提高农产品质量、促进农业可持续发展具有重要意义。

2. 推广策略与措施

为了有效推广有机农业和生态农业，需要采取一系列策略与措施。首先，政府应加大对有机农业和生态农业的宣传力度，提高农民对这两种农业模式的认识和理解。其次，可以设立专项资金，对采用有机农业和生态农业模式的农户进行补贴，降低其生产成本，提高其积极性。此外，还应加强技术研发和推广，为农民提供必要的技术支持和指导，帮助他们解决生产中遇到的技术难题。最后，可以建立有机农业和生态农业的示范区，展示这两种农业模式的优势和成果，从而吸引更多的农民采用这两种农业模式。

（二）推进农产品质量安全和环保标准的制定与执行

1. 农产品质量安全和环保标准的重要性

农产品质量安全和环保标准是保障农产品质量、维护消费者权益、促进农业可持续发展的重要手段。通过制定和执行严格的标准，可以规范农业生产行为，防止农产品受到污染和损害，保证农产品的安全性和环保性。同时，这也有助于提升农产品的市场竞争力，促进农业产业的健康发展。

2. 推进标准制定与执行的策略和措施

为了推进农产品质量安全和环保标准的制定与执行，需要采取一系列策略与措施。首先，应完善相关法律法规和政策体系，为标准的制定和执行提供有力的法律保障。其次，可以建立专门的标准制定机构或委员会，负责组织和监督标准的制定工作，确保标准的科学性和实用性。再次，应加强标准的宣传和推广工作，提高农民和消费者对标准的认识和接受度。最后，应建立健全的监督机制，加强对农产品质量和环保标准执行情况的监督检查，确保标准的严格落实。

## 二、乡村生态旅游的开发与保护

（一）结合乡村特色，发展生态旅游项目

1. 挖掘与利用乡村特色资源

乡村地区拥有丰富的自然资源和深厚的文化底蕴，这是发展生态旅游得天独厚的优势。在开发乡村生态旅游项目时，应深入挖掘当地的自然景观、历史文化、民俗风情等特色资源，将这些元素融入旅游产品设计中，形成独具特色的生态旅游项目。例如，利用优美的田园风光开发观光游览项目，结合农耕文化开发体验式农业活动，或者依托传统手工艺、地方美食等打造特色旅游商品，让游客在感受乡村风情的同时，促进当地经济发展。

2. 创新生态旅游项目形式

要吸引更多游客，就需要在传统的观光旅游基础上，创新生态旅游项目的形式。可以开发一些互动性、体验性强的旅游项目（如农家乐、民宿体验、生态农业示范园等），让游客更加深入地了解乡村生活和文化。同时，可以结合时下流行的户外运动、研学旅行等元素，推出徒步、骑行、探险、科普教育等多元化旅游产品，满足不同游客群体的需求。

3. 完善旅游配套设施和服务

发展生态旅游项目，除了要有吸引人的旅游资源，还需要完善的配套设施和优质的服务。因此，应加大投入，改善乡村道路、住宿、餐饮等基础设施条件，提高旅游接待能力。同时，加强对从业人员的培训，提升他们的服务意识和专业技能，为游客提供舒适、便捷的旅游体验。

（二）制定旅游发展规划，确保旅游与环境保护相协调

1. 制定科学合理的旅游发展规划

为了避免盲目开发和过度开发带来的环境问题，必须制定科学合理的旅游发展规划。该规划应明确乡村生态旅游的发展目标、空间布局、重点项目和保障措施等内容，确保旅游发展与环境保护相协调。在规划过程中，应充分征求当地农民的意见和建议，保障其知情权和参与权，实现旅游发展与社区利益的共赢。

2. 强化生态环境保护意识

在乡村生态旅游开发过程中，必须始终牢固树立生态环境保护意识。通过宣传教育、培训等方式，提高当地农民和游客的环保意识，引导他们珍惜自然资源、保护生态环境。同时，加强对旅游从业人员的环保培训，确保他们在工作中严格遵守环保法规，减少旅游活动对环境的负面影响。

3. 实施严格的环保监管措施

为了确保对旅游发展规划的落实和对生态环境的保护，需要实施严格的环保监管措施。建立健全环保监测体系，定期对旅游区的环境质量进行监测和评估，及时发现问题并采取措施进行整改。同时，加大对违法违规行为的查处力度，对破坏生态环境的行为进行严厉打击，确保乡村生态旅游的可持续发展。

# 第七章　新时代乡村社会治理的
# 公共服务创新

## ≫≫ 第一节　乡村公共服务现状与需求分析

### 一、乡村公共服务现状

#### （一）当前乡村公共服务设施与资源分布

#### 1. 基础设施状况

近年来，随着国家对乡村振兴战略的持续投入，我国乡村地区的基础设施条件得到了显著改善。特别是在道路、供水、供电、通信等方面，已经基本实现了全覆盖。然而，不同地区的设施完善程度存在差异，一些偏远地区的乡村仍然面临着基础设施薄弱的问题。例如，部分山区的道路仍然崎岖不平，影响了村民的出行；一些地区虽然建立了供水和供电设施，但稳定性和安全性仍有待提高。

#### 2. 教育资源分布

教育资源在乡村地区的分布也呈现出不均衡的特点。随着国家对农村教育的重视，许多乡村学校得到了翻新和扩建，师资力量也得到了加强。但是，一些偏远地区的学校仍然面临着师资力量薄弱、教学设施陈旧等问题。此外，由于城乡经济发展水平的差异，一些优秀的教育资源往往集中在城市或经济条件较好的乡村，而偏远地区的乡村相对较少。

#### 3. 医疗卫生资源

乡村医疗卫生资源分布同样存在不均衡的问题。虽然近年来国家加大了对农村医疗卫生的投入，建立了许多乡镇卫生院和村卫生室，但一些地区的医疗资源仍然相对匮乏。特别是在偏远地区，由于交通不便和经济相对欠发达，医疗卫生条件相对较差，村民看病难、看病贵的问题仍然比较突出。

### （二）乡村居民对现有公共服务的评价

#### 1. 基础设施评价

大多数乡村居民对当前的基础设施建设表示满意。他们认为，近年来国家加大了对乡村基础设施的投入，使得道路更加通畅、供水和供电更加稳定、通信网络更加发达。这些基础设施条件的改善不仅提高了他们的生活质量，也为乡村的经济发展奠定了基础。然而，也有部分居民反映，一些偏远地区的基础设施仍然薄弱，希望国家能够进一步加大投入，改善这些地区的基础设施条件。

#### 2. 教育资源评价

在教育资源方面，乡村居民的评价呈现出两极分化的态势。一方面，一些经济条件较好的乡村地区，教育资源相对丰富，学校设施完善、师资力量雄厚，居民对教育资源配置情况表示满意。另一方面，在偏远地区和经济条件相对较差的乡村，教育资源匮乏、教学质量不高的问题仍然比较突出，居民对教育资源配置情况表示不满。他们希望国家能够进一步优化教育资源配置，让每个孩子都能享受到优质的教育资源。

#### 3. 医疗卫生资源评价

对于医疗卫生资源，乡村居民的评价也呈现出差异性。在经济条件较好的乡村地区，医疗卫生设施完善、医疗水平较高，居民对医疗卫生服务情况表示满意。然而，在偏远地区和经济条件相对较差的乡村，医疗卫生资源匮乏、医疗水平有限的问题仍然存在。居民反映看病难、看病贵的问题依然突出，希望国家能够进一步加大投入，改善这些地区的医疗卫生条件。同时，他们也希望加强基层医疗队伍的建设，提高基层医疗水平和服务质量。

## 二、乡村公共服务的需求分析

### （一）乡村居民对教育、医疗、文化等基本公共服务的需求

#### 1. 教育服务需求

乡村居民对于教育服务的需求日益迫切。随着城乡交流机会的增多和信息时代的到来，乡村居民越来越认识到教育对于个人发展和社会进步的重要性。

他们期望乡村学校能够提供优质的教育资源，包括优秀的师资队伍、完善的教学设施和丰富的教学内容。同时，乡村居民也希望学校能够关注学生的全面发展，提供多样化的教育方式和课外活动，以培养学生的创新精神和实践能力。

### 2. 医疗服务需求

医疗服务是乡村居民一项基本需求。由于乡村地区医疗资源相对匮乏，居民对于高质量、便捷的医疗服务有着强烈的需求。他们希望乡村卫生院能够提升医疗水平，配备先进的医疗设备和药品，以满足常见病、多发病的诊治需求。此外，乡村居民还期望能够加强健康教育，提高自我保健意识和能力，以预防疾病的发生。

### 3. 文化服务需求

随着生活水平的提高，乡村居民对文化生活的需求也日益增长。他们渴望在乡村地区建设更多文化活动场所（如图书馆、文化活动室等），以丰富精神文化生活。同时，乡村居民也希望能够举办多样化的文化活动（如文艺演出、电影放映等），以满足不同层次、不同年龄段的文化需求。这些文化服务不仅能够提升乡村居民的文化素养，还能够促进乡村社会的和谐与发展。

## （二）新时代背景下乡村居民公共服务需求的新变化

### 1. 信息化服务需求增加

随着信息技术的快速发展和普及，乡村居民对信息化服务的需求不断增加。他们期望乡村地区能够加强信息基础设施建设，提高互联网覆盖率和网络速度。同时，乡村居民也希望能够享受到更多信息化服务（如在线教育、远程医疗、电子商务等），以便捷地获取知识和信息，提高生活品质。

### 2. 环境保护与公共服务出现融合需求

在新时代背景下，乡村居民对环境保护的意识日益增强。他们希望乡村公共服务能够与环境保护相结合，推动绿色发展理念的落实。例如，在乡村建设中注重生态环保材料的使用和节能减排措施的实施；在农业生产中推广有机种植和绿色养殖方式。这些举措不仅能够保护乡村生态环境，还能够促进乡村经济的可持续发展。

### 3. 个性化与多元化服务需求凸显

随着生活水平的提高和价值观的多元化发展，乡村居民对公共服务的需求也呈现出个性化和多元化的趋势。他们不再满足于传统的、单一的服务模式，而是期望能够享受到更加个性化、多样化的服务。例如，在教育领域，乡村居民希望学校能够根据学生的兴趣和特长提供定制化的教学方案；在医疗领域，他们期望能够得到更加人性化的诊疗服务和健康指导。这些需求的变化要求乡村公共服务机构不断创新服务模式和方法，以满足居民日益增长的个性化、多元化需求。

## 》》 第二节　乡村公共服务创新的路径

### 一、完善乡村公共服务体系

（一）构建多层次、全覆盖的乡村公共服务网络

**1. 建立多级服务网络**

为了全面提升乡村公共服务水平，构建一个多层次的服务网络势在必行。这一网络体系的构建将从村级到县级形成完整的服务链条，确保每一级服务机构都能发挥其应有的作用，满足乡村居民多样化的服务需求。

在村级层面，服务机构作为与村民最为贴近的基层组织，其重要性不言而喻。这些机构应提供包括医疗卫生、教育咨询在内的基础公共服务，确保村民在日常生活中能够得到及时、便捷的帮助。为了实现这一目标，需要加大对村级服务机构的投入，提升其服务能力和水平。例如，可以定期为服务人员提供专业培训，提高他们的业务素质和服务意识；同时，引入现代化设备和技术，提升服务效率和质量。

乡镇级服务机构则在村级服务的基础上，提供更加专业和多元化的服务。这包括农业技术指导、文化活动组织等，旨在促进乡村经济文化的发展。乡镇级服务机构应充当起桥梁和纽带的角色，连接村级和县级服务机构，确保资源的合理分配和高效利用。为了实现这一目标，需要加强乡镇级服务机构的建设和管理，明确其服务职责和功能定位；同时，加强与上下级服务机构的沟通与协作，形成合力，共同推动乡村公共服务的提升。

**2. 实现乡村公共服务全覆盖**

为了实现乡村公共服务的全覆盖，确保每名乡村居民都能方便地获得所需的服务，需要从多个方面入手进行改进和提升。

合理规划服务机构的布局。这要求深入了解乡村地区的实际情况和需求特

点，根据人口密度、地理位置等因素科学设置服务机构的位置和数量。通过优化布局，可以确保服务机构能够覆盖到所有乡村地区，为居民提供便捷的服务。

现代信息技术是实现服务全覆盖的重要手段。随着互联网的普及和移动应用的发展，可以将这些技术引入乡村公共服务。例如，可以开发移动应用或在线平台，提供在线咨询、预约挂号、服务申请等功能，让乡村居民能够随时随地享受到便捷的服务。这不仅可以提高服务效率和质量，还能有效降低服务成本。

### （二）优化乡村公共服务资源配置，提高服务效率和质量

#### 1. 合理配置资源

在乡村公共服务体系建设中，合理配置资源是至关重要的一环。资源的合理配置不仅关乎服务效率，更直接影响服务质量及乡村居民的生活品质。为了实现资源的合理配置，我们需要从多个维度进行深入分析和科学规划。

深入了解乡村地区的实际情况和居民的具体需求。这包括乡村的人口结构、经济发展水平、地理环境、文化习俗等。只有充分掌握这些信息，我们才能因地制宜地制定资源配置策略，确保公共服务能够真正贴近乡村居民的生活需求。

教育、医疗和文化是乡村公共服务的三大核心领域。在教育方面，应根据学龄儿童的数量和分布情况，合理规划学校的布局，确保每个孩子都能接受到优质的教育资源。同时，加强师资力量的培养和引进，提高教育教学水平，为乡村孩子的未来奠定坚实基础。在医疗方面，要根据乡村居民的年龄结构和健康状况，配置相应的医疗设备和药品。这包括建立健全乡村卫生服务体系，提升基层医疗机构的诊疗能力，确保乡村居民能够享受到及时、有效的医疗服务。在文化方面，应注重乡村文化的传承与创新，建设文化活动场所，丰富乡村居民的精神文化生活。

资源配置的合理性需要不断进行评估和调整。要建立动态监测机制，实时掌握资源的使用情况和居民的需求变化，以便及时调整资源配置策略。同时，加强与政府、企业和社会各界的沟通与合作，共同推动乡村公共服务资源的优化配置。

#### 2. 提高资源利用效率

提高公共服务资源的利用效率是优化资源配置、提升服务质量和效率的关

键环节。在乡村地区，由于资源相对有限，因此，如何充分利用现有资源，发挥其最大效用，就显得尤为重要。

建立完善的信息管理系统是提高资源利用效率的基础。通过引入现代化的信息管理技术，可以实时、准确地掌握各项公共服务资源的使用情况。这不仅包括资源的数量、状态和使用频率，还包括用户的需求和反馈。有了这些信息，就能更加精准地进行资源配置，避免资源的闲置和浪费。

推广共享经济的理念是提高资源利用效率的有效途径。在乡村地区，许多资源是可以共享的，如农具、交通工具等。通过建立共享平台，鼓励乡村居民之间进行资源共享，不仅可以降低居民的生活成本，还可以提高资源的利用效率。这也有助于培养乡村居民的节约意识和环保意识。

## 二、推进公共服务均等化

### （一）缩小城乡、区域间公共服务差距

#### 1. 平衡城乡公共服务投入

为了缩小城乡之间的公共服务差距，平衡城乡公共服务投入是至关重要的。长期以来，受历史、地理、经济等多重因素的影响，我国城乡公共服务投入存在显著的不平衡，这直接导致了城乡居民在享受公共服务方面的巨大差异。为了改变这一现状，必须从财政投入这一根本问题入手。

政府应显著增加对乡村公共服务的财政投入。乡村地区在基础设施、教育、医疗卫生、社会保障等公共服务领域长期处于劣势地位，这在很大程度上是资金投入不足所致的。因此，政府需要调整财政支出结构，确保乡村公共服务能够得到足够的资金支持。这包括但不限于增加乡村学校的教育经费、改善乡村医疗设施条件、提高乡村社会保障水平等。

确保公共服务投入的公平性和效率性。公平性意味着资金应根据乡村地区的实际需要和人口规模进行合理分配，避免出现某些地区过度投入而其他地区投入不足的情况。效率性则要求资金投入能够产生最大的社会效益，这就需要政府进行科学的项目评估和资金监管，确保每一分钱都能用在刀刃上。

建立健全公共服务投入的长效机制。政府应制定明确的投入计划和目标，确保公共服务投入的持续性和稳定性。同时，要加强对投入效果的评估和反馈，及时调整投入策略，以适应乡村地区公共服务需求的变化。

#### 2. 统筹区域发展规划

为了缩小不同区域间的公共服务差距，统筹区域发展规划成为关键一环。

我国地域辽阔，各地区经济发展水平有一定差异，这导致公共服务在不同区域间存在明显的不均衡。为了改变这一状况，政府需要制定全面的区域发展规划，确保各个区域都能获得与其发展水平相匹配的公共服务资源。

政府应深入了解各地区的实际情况，包括经济发展水平、人口结构、地理环境等因素，以此为基础制定差异化的公共服务政策。对于经济相对欠发达的地区，政府应给予更多的政策支持和资金投入，帮助其提升公共服务水平；而对于经济较为发达的地区，可以在保持现有服务水平的基础上，进一步推动公共服务的创新和优化。

加强区域间的合作与协调。不同地区之间往往具有各自的资源优势和特色，通过加强合作与协调，可以实现资源共享和优势互补。例如，可以建立跨区域的医疗服务网络，让优质医疗资源在不同地区间流动，从而提高整个区域的医疗服务水平。

政府需要建立有效的评估和监督机制，确保区域发展规划的落实和执行。通过定期评估和监督检查，可以及时发现问题并进行调整，确保公共服务资源在不同区域间得到合理分配和有效利用。

统筹区域发展规划不仅有助于缩小不同区域间的公共服务差距，还能推动整个区域的协调发展。通过政府的科学规划和有效实施，可以期待一个更加公平、高效的公共服务体系在不久的将来得以实现。

### （二）确保乡村居民公平享有基本公共服务

#### 1. 完善基本公共服务制度

为了确保乡村居民公平享有基本公共服务，完善相关制度是首要任务。制度的完善不仅为公共服务确定了明确的框架，还能够确保服务的持续性和稳定性。

明确基本公共服务的范围和标准。政府应详细列出哪些服务属于基本公共服务的范畴（如基础教育、基本医疗卫生、公共文化等），并为每一项服务设定明确、可量化的标准。这些标准应包括服务的质量、时效、覆盖范围等方面，以便对服务提供者进行监督和评价。

建立和完善公共服务的财政保障机制。政府应确保对基本公共服务的持续投入，并设立专项资金，用于支持乡村地区的基本公共服务建设。同时，要优化财政支出结构，确保资金能够高效、合理地用于提升乡村地区的基本公共服务水平。

加强对服务提供者的监管和考核。政府应制定严格的监管措施，确保服务提供者按照既定的标准和要求提供服务。对于服务质量不达标或存在违规行为的服务提供者，应依法进行惩处。同时，要建立科学的考核评价体系，定期对服务提供者的服务质量和效率进行评估，以便及时发现问题并进行改进。

2. 强化政府责任

在推进公共服务均等化的过程中，政府是不可或缺的一环。为了确保乡村居民能够公平享有基本公共服务，政府必须承担起应有的责任，制定和执行相关政策，提供财政支持，并加强监管，以确保公共服务的普及性、基础性和均等性。

政府应制定明确的公共服务政策，为乡村地区提供有针对性的支持。这包括制定优惠政策，鼓励企业和社会组织参与乡村公共服务建设，以及设立专项资金，用于改善乡村地区的公共服务设施。同时，政府还应根据乡村地区的实际情况，制定差异化的服务策略，以满足不同地区、不同群体的需求。

政府应提供充足的财政支持，确保乡村公共服务的正常运转。这包括增加对乡村教育的投入，提高乡村医疗水平，完善乡村社会保障体系等。政府的财政支持可以推动乡村公共服务水平的持续提升，提高服务质量，确保乡村居民能够享受到与城市居民同等水平的基本公共服务。

## 三、创新公共服务提供方式

### （一）政府购买服务、公私合营等多元化供给模式

#### 1. 政府购买服务模式

政府购买服务作为一种新型的公共服务提供方式，正逐渐成为我国公共服务体系的重要组成部分。它通过将市场竞争机制引入公共服务领域，有效地提升了服务的质量和效率，更好地满足了乡村居民多样化、多层次的服务需求。

政府购买服务的核心在于"购买"二字，即政府通过支付费用的方式，向社会力量购买其所提供的公共服务。这一模式的出现，打破了传统公共服务供给中政府大包大揽的局面，使得更多社会资源能够参与公共服务。在实施过程中，政府应明确购买服务的范围，确保所购买的服务能够真正满足乡村居民的需求。同时，制定明确的服务标准，以确保服务提供者能够按照既定的标准提供服务，保障服务质量。

在购买程序上，政府应遵循公开、公平、公正的原则，通过市场竞争来选

择优质的服务提供者。这不仅可以确保政府资金的合理使用，还能够激发社会组织的活力，推动其更加积极地参与公共服务供给。为了保障购买的透明性和公正性，政府应建立完善的信息公开制度，及时公布购买服务的相关信息，接受社会监督。

此外，政府购买服务模式还具有灵活性和可持续性的优势。政府可以根据乡村居民的实际需求和财政状况，灵活调整购买服务的种类和数量。同时，通过与优质的服务提供者建立长期合作关系，可以确保公共服务的稳定性和可持续性。

### 2. 公私合营（PPP）模式

公私合营模式在公共服务供给中扮演着重要角色，它结合了公共部门和私营部门的优势，形成了一种高效、灵活且富有创新性的服务提供方式。在乡村公共服务领域，公私合营模式展现出独特的魅力和潜力，为乡村居民带来了更高质量的服务体验。

公私合营模式的核心在于公共部门与私营部门之间的紧密合作。这种合作不仅体现在资金层面，更涉及技术、管理、运营等多个方面。通过共同投资、共同经营、共担风险，公私双方能够形成利益共享、风险共担的合作伙伴关系，从而推动公共服务的优质供给。

在乡村公共服务领域，公私合营模式的应用具有多重意义。首先，它有助于吸引更多社会资本投入，缓解政府财政压力。私营部门的参与能够带来更多资金来源，为乡村公共服务设施的建设和运营提供有力支持。其次，公私合营模式能够引入先进的管理理念和技术手段。私营部门在市场竞争中积累了丰富的经验和技术，这些优势资源的引入能够提升乡村公共服务的效率和质量。

在实施公私合营模式时，需要关注以下关键环节：一是要建立健全相关法律法规和政策体系。明确的法律法规和政策指导可以规范公私双方的行为，保障合作的顺利进行。二是要明确双方的权利和义务。在合作协议中，应详细规定双方的责任边界、权益分配等关键问题，以确保合作的公平性和可持续性。三是要加强对项目的监管和评估。政府应设立专门的监管机构，对公私合营项目进行定期检查和评估，确保公共服务的质量和效益达到预期目标。

### （二）利用信息化手段提升公共服务的可及性

#### 1. 信息化手段在公共服务中的应用

随着信息技术的迅猛发展，信息化手段已经渗透到我们生活的方方面面，尤其在公共服务领域，其应用正日益广泛且深入。信息化手段不仅改变了传统公共服务模式，还极大地提升了服务的便捷性和可及性，让乡村居民能够更高效地获取所需服务。

通过构建乡村公共服务信息平台，各类服务资源得以有效整合，实现了信息的共享和互联互通。这种平台化的管理方式使得乡村居民能够更加方便地获取所需的服务信息，避免了由信息不对称而造成的资源浪费和效率低下。

借助移动应用、微信公众号等新媒体渠道，公共服务部门能够提供在线咨询、预约挂号、费用缴纳等一站式服务。这种线上服务模式打破了时间和空间的限制，让乡村居民能够随时随地享受到便捷的服务体验。同时，通过数据分析和挖掘，服务部门还能更精准地了解乡村居民的需求，从而提供更加个性化的服务。

2. 提升信息化服务能力的措施

为了进一步提升信息化服务能力，更好地满足乡村居民对公共服务的需求，需要采取一系列切实可行的措施。

加强信息化基础设施建设是至关重要的。这包括提高乡村地区的互联网覆盖率和网络速度，确保每名乡村居民都能享受到稳定的网络环境。为此，政府应加大投入，推进宽带网络、移动通信网络等基础设施的建设和优化，为信息化服务提供有力支撑。

加强对服务人员的信息化培训。通过定期组织培训课程、邀请专家进行技术指导等方式，提升服务人员的信息素养和操作技能。这样不仅能确保信息化服务的顺利进行，还能提高服务人员的专业素质和服务质量。

同时，不断完善信息化服务系统也是关键所在。应该根据乡村居民的实际需求和反馈，不断优化用户界面和功能设计，提高系统的易用性，改善用户体验。此外，还需要加强系统的稳定性和安全性保障，防止数据泄露和系统崩溃等问题的发生。

3. 利用信息化手段提升公共服务的可及性

信息化手段在公共服务中的应用在可及性方面发挥了显著作用。在传统模式下，一些偏远地区的乡村居民往往难以获得及时、高质量的公共服务。然而，通过信息化手段，这些障碍正在被逐步消除。

远程医疗的应用显著提升了医疗服务的可及性。借助互联网和视频技术，乡村居民现在可以在家门口就接受到城市专家的远程诊断和治疗。这不仅节省了患者长途奔波的时间和费用，还使得优质医疗资源能够更广泛地惠及乡村地区。

在线教育使教育资源更加均衡地分布。网络课程、在线教育平台等，使乡村孩子可以接触到更多优质的教育资源，缩小了城乡教育资源差距。这种模式的推广对于提升乡村地区的教育水平具有重要意义。

## 第三节 公共服务创新提升乡村社会治理水平的案例

### 一、公共服务创新提升乡村社会治理水平的案例选择与背景介绍

（一）通过公共服务创新提升乡村社会治理水平的典型案例

1. 案例一：村级议事会制度的建立

在传统的农村社会，决策权通常集中在村委会，这可能导致一些决策与村民的实际需求和利益不完全吻合。为了改变这一现状，某些地区引入了村级议事会制度。该制度允许全体村民参与决策过程，通过村民代表将村民的诉求带到会议上进行讨论，并由村委会执行议事会通过的决策。

2. 案例二：乡村治安网的建设

为了应对日益复杂的乡村治安环境，一些地区开始构建乡村治安网。通过安装视频监控设备和组织村民进行巡逻，可以大大增强村庄的安全防范能力。乡村治安网的建立不仅降低了治安案件的发生率，还提升了村民的安全感，进一步塑造了和谐稳定的乡村社会环境。同时，这一创新措施也推动了乡村旅游的发展，提升了乡村的整体形象。

3. 案例三：农村法律顾问制度的推行

鉴于村民在法律事务上常常面临困难，部分地区开始推行农村法律顾问制度。这些法律顾问通常由法律专业的研究生担任，他们为村民提供免费的法律咨询服务，帮助解决涉及土地、婚姻、继承等的法律问题。此举大大增强了村民的法律意识，提高了他们的维权能力，为乡村社会的和谐稳定提供了法律保障。

（二）案例发生地的社会、经济及公共服务背景

1. 社会背景

上述案例多发生在我国农村地区，这些地区往往保留着较为传统的社会结

构和文化习俗。随着城乡交流的增多和信息化的推进，村民对参与乡村事务管理、享受均等服务的需求日益增强。在这样的社会背景下，推行村级议事会制度和农村法律顾问制度、建设乡村治安网等创新举措，旨在满足村民对更加安全、法治的乡村社会治理的期待。

2. 经济背景

近年来，我国农村经济得到了快速发展，农业产业化、农村电商等新兴业态不断涌现。然而，与经济发展相伴随的是利益分配的复杂化和多元化，这对乡村社会治理提出了新的挑战。为了适应这一变化，上述公共服务创新举措的推出成为必然，它们在一定程度上缓解了经济发展带来的社会矛盾，为农村经济的可持续发展提供了稳定的社会环境。

3. 公共服务背景

尽管我国乡村公共服务体系不断完善，但仍存在一些短板和不平衡问题。例如，一些偏远的乡村可能面临治安薄弱、法律服务匮乏等问题。因此，村级议事会制度和农村法律顾问制度的推行、乡村治安网的建设等创新措施，正是为了弥补这些公共服务领域的不足，确保村民能够享受到更加全面、高质量的公共服务。同时，这些创新举措体现了政府对乡村公共服务均等化的重视和努力。

## 二、公共服务创新提升乡村社会治理水平的案例分析与经验总结

### （一）案例中公共服务创新的具体措施和成效分析

1. 具体措施

在近年来乡村社会治理的实践中，不少地区通过公共服务创新取得了显著成效。以村级议事会制度的推行为例，该措施通过定期召开村民大会，让村民直接参与村庄重大事务的决策，这不仅提高了决策的透明度，也大大增强了村民的归属感和参与感。另外，乡村治安网的建设也是一项重要的创新措施，安装监控设备和加强巡逻有效提升了村庄的安全系数，减少了治安案件的发生。乡村法律顾问制度的推行则针对村民法律意识不强的问题，提供了便捷的法律咨询服务，帮助村民解决了诸多法律难题。

2. 成效分析

这些公共服务创新措施的实施产生了显著的成效。村级议事会制度的推行使得村民的声音能够被更好地听到和考虑，使决策更加科学。乡村治安网的建

设明显降低了治安案件的发生率，增强了村民的安全感。农村法律顾问制度的推行有效提高了村民的法律意识和维权能力，减少了由法律问题引发的社会矛盾。这些创新措施共同促进了乡村社会的和谐稳定与发展。

（二）案例中的成功经验和可推广之处

从上述案例中，可以提炼出以下成功经验和可推广之处。

1. 成功经验

（1）重视村民参与。让村民直接参与决策过程，能够更有效地反映村民的真实需求和意愿，提高决策的针对性和实效性。

（2）强化安全防范。通过科技手段和现代管理方法提升乡村治安水平，是确保乡村社会稳定的重要基础。

（3）提供专业法律服务。增强村民的法律意识和维权能力，对于化解社会矛盾、促进社会和谐具有重要意义。

2. 可推广之处

（1）治安防控体系。乡村治安网的建设模式可以为其他地区提供借鉴，通过科技防控手段提升乡村整体安全水平。

（2）法律援助体系。建立完善的农村法律顾问制度，为农民提供常态化、专业化的法律服务，是提升乡村法治水平的有效途径。

## 三、公共服务创新提升乡村社会治理水平的案例启示与推广价值

（一）从案例中提炼出对其他地方乡村社会治理的借鉴意义

1. 加强乡村治安建设，营造安全稳定环境

案例中，乡村治安网的建设经验值得借鉴。乡村治安是乡村社会治理的重要组成部分，加强乡村治安网建设可以有效提升村民的安全感，为乡村社会的和谐稳定创造有利条件。其他地方可以结合自身实际情况，采取安装监控设备、加强巡逻等类似措施，来提高乡村的治安水平。

2. 提供专业法律服务，提升村民法治意识

案例中，农村法律顾问制度的成功推行为其他地方提供了宝贵经验。为村民提供专业、便捷的法律服务不仅可以解决他们在生产生活中遇到的法律问题，还能有效提升他们的法治意识和维权能力。这对于推动乡村社会的法治化进程具有重要意义。

（二）如何将成功经验推广到其他乡村地区，提升整体社会治理水平

1. 因地制宜，制订切实可行的实施方案

在推广成功经验时，必须充分考虑其他乡村地区的实际情况和需求，因地制宜地制订切实可行的实施方案。

2. 加强宣传推广，提高村民的参与度和认同感

成功经验的推广离不开广泛的宣传和教育。通过举办宣讲会、制作宣传材料等方式，向村民普及法治建设等理念，提高他们的参与度和认同感。同时，可以利用现代信息技术手段，如微信公众号、短视频等，扩大宣传的覆盖面和影响力。

3. 建立长效机制，确保创新成果的可持续性

为了确保成功经验能够在其他乡村地区持续发挥作用，必须建立长效机制来加以保障。例如，可以制定相关规章制度，明确各项创新措施的实施要求和监督责任；加强人员培训，提高基层干部和村民的自治能力和法治素养；定期开展评估检查，及时发现问题并进行整改等。这些措施可以有效确保创新成果的可持续性，从而持续提升乡村社会治理水平。

# 第八章　新时代乡村社会治理的
# 信息化建设

## ❯❯ 第一节　信息化在乡村社会治理中的作用

### 一、信息化对乡村社会治理的推动作用

（一）信息化提升乡村社会治理中的信息传递效率

**1. 实现快速信息传递**

在乡村社会治理中，信息传递的效率和准确性至关重要。传统的信息传递方式（如口口相传、布告通知等）往往受到时间、空间的限制，传递速度较慢，且容易出现信息传递失真或遗漏的情况。而信息化的应用（如通过建立乡村内部的即时通信系统、使用电子邮箱、短信群发等方式）能够迅速将重要信息传递给村民，大大提高了信息传递的效率。这种高效的信息传递有助于村民及时了解政策动态、村务信息和公共服务更新，从而更好地参与乡村社会治理。

**2. 打破信息传递的时空限制**

信息化技术打破了时间和空间的限制，使得信息传递不再受地理位置和时间的束缚。通过互联网、移动通信等技术手段，乡村社会治理的相关信息可以实时更新、随时查询，为村民提供了极大的便利。比如，通过微信公众号、App 等，村民可以随时了解村里的最新动态（如村务公告、活动通知等），同时可以在线办理相关业务，无须亲自前往村委会或其他办事机构。

**3. 提高村民的信息素养**

信息化不仅提升了信息传递效率，还提高了村民信息素养。随着智能手机

的普及和互联网技术的发展，越来越多的村民开始接触和使用信息工具。村委会可以通过开展信息素养培训、提供在线学习资源等方式，帮助村民提升信息获取、处理和利用的能力。这种能力的提升不仅有助于村民更好地参与乡村社会治理，还能增强他们的自我发展和创新能力。

### （二）信息化增强政府决策的科学性和透明度

#### 1. 提供数据驱动的决策支持

信息化为政府决策提供了丰富的数据支持。通过收集和分析村民的各类数据（如人口统计、经济状况、教育水平等），政府能够更准确地了解乡村社会的实际情况和需求。这些数据不仅可以用于制定更加科学合理的政策和规划，还能帮助政府及时发现问题、调整策略。例如，在扶贫工作中，通过大数据分析可以精准识别贫困户的需求和困难，从而制定更有针对性的帮扶措施。

#### 2. 使得决策过程更加透明化

信息化技术使得政府决策过程更加透明化。通过互联网平台，政府可以及时公开决策依据、过程和结果，接受村民的监督和建议。这种透明化的决策过程有助于增强政府的公信力和执行力，也有助于提高村民对政策的认同感和支持度。村民通过互联网参与决策过程，不仅能表达自己的诉求和意见，还能促进政府与村民之间的互动和沟通。

#### 3. 提高政府服务效率和质量

信息化还能提高政府服务的效率和质量。通过电子政务平台，政府可以提供更加便捷、高效的服务，如在线办理证件、查询政策信息等。这种服务模式不仅节省了村民的时间和精力，还降低了政府的运营成本。同时，通过信息化手段对政府服务进行监督和评估，可以及时发现并改进服务中存在的问题和不足，从而提升政府服务的质量和满意度。

## 二、信息化在乡村社会治理中的具体应用

### （一）电子政务平台的建设与推广

随着信息技术的飞速发展，电子政务平台在乡村社会治理中扮演着越来越重要的角色。电子政务不仅提高了政府工作的透明度和效率，还为乡村居民提供了更加便捷的服务。以下是电子政务平台在乡村社会治理中的具体应用。

#### 1. 提高政府服务效率与透明度

电子政务平台通过数字化的方式将政府服务流程线上化，大大减少了纸质

文件的传递和处理时间，从而提高了政府服务的效率。同时，所有服务流程和结果都在平台上公开透明地展示，便于乡村居民随时查询和监督，增强了政府的公信力。

例如，在乡村地区推广电子政务平台，可以让居民通过在线方式提交各类申请，如户籍管理、土地管理、社会保障等。政府部门可以实时处理这些申请，并通过平台及时反馈处理结果，大大缩短了服务周期。

2. 促进乡村居民参与社会治理

电子政务平台为乡村居民提供了一个表达意见和诉求的渠道。居民可以通过平台向政府部门提出建议或反映问题，政府也可以及时回应和处理。这种互动式的沟通方式不仅增强了政府与居民之间的联系，还激发了乡村居民参与社会治理的积极性和责任感。

例如，在平台上设置"民意调查"或"在线咨询"等功能，收集居民对乡村发展的意见和建议，为政府决策提供科学依据。同时，政府可以通过平台发布政策信息、公告通知等，让居民及时了解政府动态，提高政策的透明度和执行力。

3. 推动乡村数字经济发展

电子政务平台的建设与推广，还为乡村数字经济的发展奠定了基础。平台可以集成各种在线服务（如电子商务、在线支付等），为乡村居民提供更加便捷的生活方式。这不仅方便了居民的生活，还促进了乡村经济的繁荣和发展。

例如，在电子政务平台上开设农产品销售专区，帮助农民将农产品销往全国各地，拓宽销售渠道，增加农民收入。同时，平台还可以提供农业技术、市场信息等咨询服务，帮助农民提高农业生产效率和市场竞争力。

（二）乡村管理信息系统的完善与应用

乡村管理信息系统是一个集成了乡村各方面信息的综合性系统，旨在提高乡村管理的科学性和效率。以下是该系统在乡村社会治理中的具体应用。

1. 实现乡村资源的有效管理

乡村管理信息系统通过数字化的方式对乡村的土地、水资源、人力资源等进行全面管理。系统可以实时更新和展示各项资源的使用情况和状态，为政府部门提供科学的决策支持。

例如，在土地资源管理方面，系统可以详细记录每块土地的使用权、用途、面积等信息，便于政府部门进行土地规划和监管。在水资源管理方面，系统可以实时监测水质、水量等数据，确保乡村用水的安全和可持续利用。

2. 提升公共安全与应急响应能力

乡村管理信息系统可以集成公共安全功能（如监控摄像头、紧急报警系统等），实现对乡村地区的全面监控和安全保障。在紧急情况下，系统可以快速响应并调配资源，确保乡村居民的生命财产安全。

例如，在发生自然灾害时，系统可以实时监测灾害情况，及时发布预警信息，并协调救援力量进行紧急救援。同时，系统还可以记录和分析灾害数据，为未来的灾害预防和应对提供经验借鉴。

3. 促进乡村教育和文化的传承与发展

乡村管理信息系统也可以为乡村教育和文化传承提供支持。系统可以集成教育资源，提供在线教育服务，帮助乡村地区提高教育水平。同时，系统可以记录和展示乡村的历史文化和传统习俗，促进乡村文化的传承和发展。

例如，系统可以开设在线教育课程，让乡村学生接触到更多知识和信息。同时，系统还可以建立乡村文化数据库，收集和展示乡村的历史文物、民间故事、传统手工艺等信息，让更多的人了解和传承乡村文化。

## 》》 第二节　大数据、人工智能在乡村社会治理中的应用

### 一、大数据在乡村社会治理中的运用

#### （一）数据采集、整合与分析在乡村规划与管理中的重要性

随着信息技术的迅猛发展，大数据已经成为当今社会治理领域的重要工具。在乡村社会治理中，数据采集、整合与分析发挥着至关重要的作用，为乡村规划与管理提供了全新的视角和手段。以下是数据采集、整合与分析在乡村规划与管理中的重要性体现。

1. 提升规划的精准性与科学性

传统的乡村规划往往依赖于经验，缺乏科学的数据支持。而通过大数据技术的运用，可以广泛地收集乡村地区的各种数据（包括人口分布、经济状况、环境条件等），从而更加精准地了解乡村的实际情况。这些数据可以为规划者提供客观、全面的信息，帮助他们制订出更加符合乡村实际、科学合理的规划

方案。

### 2. 优化资源配置与利用效率

数据采集与整合能够帮助管理者全面掌握乡村的资源状况，包括自然资源、人力资源、基础设施等。通过对这些数据的深入分析，可以发现资源配置的不合理之处，及时调整和优化资源配置方案，提高资源的利用效率。例如，在农业生产方面，通过对土壤、气候等数据的采集和分析，可以指导农民科学种植，提高农业生产效益。

### 3. 增强乡村管理的动态性与前瞻性

大数据技术可以实时监测乡村的各项指标（包括环境质量、交通状况、社会治安等），为乡村管理提供动态的数据支持。这使得管理者能够及时发现问题、预测趋势，并采取相应的应对措施。同时，通过对历史数据的挖掘和分析，还可以为乡村的未来发展提供前瞻性的预测和建议，帮助乡村实现可持续发展。

## （二）基于大数据的乡村社会治理决策支持系统

大数据技术的应用不仅改变了数据的收集和处理方式，还为乡村社会治理决策提供了强大的支持。基于大数据的乡村社会治理决策支持系统能够帮助决策者更加科学、高效地制定政策和管理措施。以下是该系统的主要功能和应用。

### 1. 数据驱动的决策制定

传统的决策制定往往依赖于经验判断和定性分析，而基于大数据的决策支持系统能够提供海量的数据信息和深入的数据分析。决策者可以通过对这些数据的挖掘和解读，发现乡村社会治理中存在的问题和挑战，从而制定更加有针对性的政策措施。这种数据驱动的决策制定方式不仅提高了决策的精准性和有效性，还降低了决策风险。

### 2. 政策模拟与评估

基于大数据的决策支持系统可以对政策实施效果进行模拟和评估。通过构建数据模型，系统可以预测政策实施后可能产生的影响和效果，为决策者提供科学的评估依据。这有助于决策者及时调整政策方向和力度，确保政策的有效实施和乡村社会的稳定发展。

### 3. 实时监测与反馈机制

大数据技术可以实时监测乡村社会治理的各项指标和数据变化，为决策者提供实时的反馈信息。这使得决策者能够及时了解政策实施的效果和社会反应，以便根据实际情况进行灵活调整。同时，这种实时监测与反馈机制还可以帮助决策者发现潜在的问题和风险，及时采取相应的应对措施，确保乡村社会治理的平稳进行。

## 二、人工智能技术在乡村社会治理中的实践

随着科技的飞速发展，人工智能技术已逐渐渗透到社会的各个领域，为人们的生活带来了极大的便利。在乡村社会治理中，人工智能技术的应用同样展现出了巨大的潜力和价值。

### （一）智能监控系统在乡村安全防范中的应用

乡村安全防范是乡村治理的重要环节，关系到乡村社会的和谐稳定与居民的生命财产安全。近年来，随着科技的飞速发展，人工智能技术逐渐渗透各个领域，为乡村安全防范提供了新的解决方案。智能监控系统作为人工智能技术的重要应用之一，其在乡村安全防范中的作用日益凸显。

#### 1. 提升监控效率与准确性

智能监控系统的引入带来的显著变化是监控效率和准确性的大幅提升。传统的乡村监控模式主要依赖人力进行巡逻和监控，这种模式不仅效率低下，而且容易出现疏漏。尤其是在夜间或恶劣天气条件下，人力监控的局限性更加明显。

智能监控系统的出现有效地解决了这一问题。系统通过安装高清摄像头，能够实时监控乡村的各个角落。这些摄像头不仅具有高清晰度，还能在夜间和恶劣天气条件下保持稳定的监控效果。同时，借助图像识别技术，系统能够自动识别和分析异常情况。例如，当检测到异常人员闯入、火灾等突发情况时，系统会自动触发报警机制，及时通知相关人员进行处理。

此外，智能监控系统还具有智能追踪功能。一旦锁定目标，系统可以自动跟踪其移动轨迹，为后续的应急响应提供有力支持。这种功能在处理失踪儿童、追踪可疑人员等场景中尤为实用。

#### 2. 辅助治安管理

除了实时监控，智能监控系统还记录并存储了大量的视频数据。这些数据对于后续的治安管理具有重要价值。在传统的治安管理模式中，由于缺乏有效的监控手段和数据支持，警方在处理治安案件时往往容易面临诸多困难。

智能监控系统的引入为警方提供了丰富的视频证据和线索。一旦发生治安案件，警方可以通过回放和分析监控视频，迅速锁定嫌疑人并还原案发现场的情况。这不仅提高了破案效率，还为定罪量刑提供了有力证据。

同时，智能监控系统还可以通过人脸识别等技术对重点人员进行布控和追踪。例如，对于曾经有犯罪记录或存在治安隐患的人员，警方可以将其面部信息录入系统并进行实时监控。一旦这些人员出现在监控范围内，系统就会自动识别并报警，从而及时采取控制措施。

3. 预防与减少犯罪

智能监控系统的存在本身就对潜在的犯罪分子构成一定的威慑力。由于知道自己的行为可能随时被监控和记录，许多潜在的犯罪分子在产生作案动机时会更加谨慎甚至放弃作案计划。这种心理层面的影响在一定程度上起到了预防和减少犯罪行为的作用。

除了心理威慑，智能监控系统还能通过实时监控和数据分析及时发现可疑行为并进行预警。例如，当系统检测到某个区域的人员密度异常增高或者出现异常聚集情况时就会自动触发报警机制，并通知相关人员进行处理，这在一定程度上能够预防和及时制止犯罪行为的发生，保护乡村居民的生命财产安全。

此外，智能监控系统还可以与公安、消防等部门实现联动，形成全方位的乡村安全防护网。当系统检测到异常情况时不仅可以及时通知警方进行处理，还可以同时触发消防等应急响应机制，确保在第一时间对突发事件进行有效处置，这种跨部门的联动协作模式进一步提升了乡村安全防范的整体效能。

（二）人工智能助力乡村教育与医疗服务水平提升

随着科技的飞速发展，人工智能技术已经渗透到生活的方方面面。在乡村地区，人工智能技术不仅为安全防范提供了新的解决方案，更在教育和医疗服务领域有巨大的潜力，为乡村居民提供前所未有的便利和高质量服务。

1. 个性化教育服务

乡村教育一直是我国教育体系中的薄弱环节，受限于地域、经济和师资等多重因素。然而，人工智能技术的崛起为乡村教育注入了新的活力，带来了前所未有的变革。

人工智能技术通过智能分析学生的学习数据和兴趣爱好，为学生量身定制个性化的学习方案。这种个性化的学习方案不仅考虑学生的知识掌握情况，还充分尊重学生的兴趣和特长，从而更有效地激发学生的学习兴趣和潜能。

人工智能技术能辅助教师进行课程设计和教学管理。通过对学生学习数据的深度挖掘和分析，教师可以更准确地了解学生的学习需求和难点，从而调整教学策略，优化课程设计。这不仅提高了教学效率，也使得乡村教育更加贴合学生的实际需求。

此外，人工智能技术还为乡村教育提供了丰富的教育资源。通过互联网和人工智能技术，乡村学生可以轻松获取到与城市学生同等的优质教育资源，从而缩小城乡教育差距。

2. 远程医疗服务

乡村地区的医疗资源相对匮乏，很多居民在面临疾病时往往难以得到及时有效的治疗。然而，人工智能技术的引入为乡村医疗带来了新的可能。

通过远程医疗系统，乡村居民在家门口就能接受到专业医生的诊断和治疗建议。这种系统充分利用了互联网和人工智能技术的优势，将优质的医疗资源延伸到乡村地区。患者只需通过网络平台，就可以与远方的医生进行实时交流，获取专业的医疗建议。

此外，人工智能技术还可以根据患者的病史、症状和体检结果，智能推荐合适的治疗方案和药品。这不仅为患者提供了更加便捷、高效的医疗服务，也降低了医疗成本和时间成本。

更为重要的是，远程医疗系统的建立还为乡村地区培养了一支专业的医疗团队。通过与远程医生的交流和合作，乡村医生可以不断提升自己的医疗水平和服务质量，从而更好地为乡村居民提供医疗服务。

因此可以说，人工智能技术在远程医疗服务中的应用不仅缓解了乡村地区医疗资源紧张的状况，还提高了医疗服务的可及性和质量。

3. 健康管理与预防保健

除了提供优质的医疗服务，人工智能技术还在乡村居民的健康管理和预防保健工作中发挥着重要作用。

通过智能穿戴设备和健康管理系统，人工智能技术可以实时监测乡村居民的健康状况并进行数据分析。这些设备能够收集居民的生理数据、运动数据等信息，并通过人工智能算法进行分析和评估。一旦发现异常情况或潜在风险，系统会及时提醒居民并给出相应的保健建议。

例如，对于患有慢性疾病的居民，健康管理系统可以根据其病情和身体状况制订个性化的健康管理计划。系统会定期提醒居民进行体检、服药等必要的健康管理活动，并在数据出现异常时及时发出警报。

## ≫ 第三节　信息化助力乡村社会治理的案例

### 一、××乡村的电子政务实践

（一）背景介绍

随着信息技术的迅猛发展，电子政务已在全球范围内得到推广和广泛应用。电子政务作为信息技术与政府管理相结合的产物，不仅能显著提高政府服务效率，还能提升政府的透明度，从而更好地服务公众。在中国，电子政务的推进日益受到各级政府的重视。特别是在偏远地区，电子政务的引入对于改善当地政务服务水平、提升社会治理能力具有重大意义。

××乡村地处偏远地区，长期以来，受地理位置的限制，传统的政务服务方式存在信息传递慢、服务效率低等问题。乡村居民在办理各类政务业务时，往往需要耗费大量时间和精力（如前往政府部门排队等候），这不仅影响了居民的正常生活和工作，也制约了乡村社会的经济发展。为了解决这些问题，当地政府决定紧跟时代步伐，引入电子政务平台，以此提升政务服务的便捷性和效率。

具体而言，××乡村电子政务实践的初衷和目标主要包括以下几点：一是通过电子政务平台实现政务服务的线上化，使乡村居民足不出户就能办理各类业务；二是通过提高政府服务的透明度和效率，增强乡村居民对政府的信任感；三是推动乡村的数字化进程，助力乡村社会的现代化发展。

（二）开发及实施过程

为了成功开发及实施电子政务平台，××乡村政府进行了周密的规划和部署，以下是详细的开发及实施过程。

1. 电子政务平台的搭建

在搭建电子政务平台的过程中，当地政府与专业的信息技术公司进行了深入的合作。通过充分调研和需求分析，根据乡村的实际情况和居民的具体需求，定制开发了电子政务平台。这一平台不仅集成了户籍管理、土地审批、社会保障、农业补贴等政务服务功能，还充分考虑了用户体验和操作的便捷性。

为了确保平台的稳定性和安全性，开发团队采用了先进的技术架构和安全防护措施。同时，平台还预留了扩展接口，以便未来根据需要进行功能升级和拓展。这些细致入微的考虑都为电子政务平台的成功搭建奠定了坚实的基础。

2. 电子政务平台的推广

在电子政务平台搭建完成后，如何让其真正发挥效用，成为乡村居民日常生活中的得力助手，是当地政府面临的又一个重要课题。为此，当地政府组织了一系列有针对性的推广活动。这些活动不仅覆盖了乡村的各个角落，还特别邀请了信息技术专家进行现场指导。专家手把手地教会居民如何使用平台进行业务办理，为居民解答在使用过程中遇到的问题。这种面对面的交流方式极大地提高了居民对电子政务平台的接受度和使用意愿。

政府通过发宣传单、广播、村务公开栏等多种渠道进行广泛宣传。在宣传中强调了电子政务平台的便捷性和高效性，以及使用这一平台可能带来的种种好处。这种全方位的宣传策略有效地提高了居民对电子政务平台的认知度和使用率。

3. 电子政务平台的应用

随着电子政务平台的推广和普及，越来越多的乡村居民开始尝试并习惯于通过这一平台进行业务办理。居民可以通过电子政务平台在线提交各类业务申请，如户籍变更、土地审批、社会保障申请等。他们只需按照平台提示填写相关信息并上传必要材料，即可完成申请流程。这不仅避免了居民的往返奔波之苦，还避免了由材料不全或填写错误导致的反复提交问题。

同时，政府部门也可以实时处理这些在线申请。工作人员可以随时查看待处理事项，对符合条件的申请进行及时审批和回复。这种线上处理方式显著提高了政府的工作效率和服务质量。此外，电子政务平台还提供在线咨询、投诉建议等服务，方便居民与政府部门的互动沟通。居民可以随时向政府部门反映问题或提出建议，政府部门也可以及时回应和处理这些反馈意见，从而营造良好的政民互动氛围。

## 二、大数据在××乡村社会治理中的应用

### （一）背景介绍

随着信息化时代的到来，大数据技术已经渗透到社会的各个角落，其在社会治理中的潜力日益凸显。××乡村作为一个典型的农村地区，面临着诸多社

会治理挑战，如资源分配不均、环境保护问题、农业发展规划等。为了提升社会治理的精细化和科学化水平，××乡村决定紧跟科技潮流，引入大数据技术，以期通过数据的力量来优化决策流程，提高治理效率。

1. 大数据技术的兴起

大数据技术以其强大的数据处理和分析能力正在改变着传统行业格局和决策方式。它能够对海量数据进行高效处理，挖掘出有价值的信息，为决策提供科学依据。在社会治理领域，大数据技术的应用可以帮助政府更加精准地了解社会现象，预测社会趋势，从而制定出更为合理的政策。

2. ××乡村社会治理的现状与挑战

××乡村作为一个典型的农村地区，虽然有着丰富的自然资源和文化底蕴，但在社会治理方面仍面临着诸多挑战。传统的治理方式往往依赖于经验，缺乏科学的数据支持，导致资源配置不合理、政策执行效率低下等。

3. 引入大数据技术的意义

大数据技术的引入将为××乡村社会治理带来巨大变化。通过数据采集、分析和应用，政府可以更加精准地了解乡村的实际情况和需求，制定更加科学合理的政策措施。同时，大数据技术还可以帮助政府及时发现和解决社会问题，提高社会治理的效率和效果。这为××乡村的可持续发展奠定了坚实基础。

（二）实施细节

为了充分发挥大数据技术在××乡村社会治理中的作用，当地政府制订了详细的实施计划，并逐步推进。以下是具体实施细节。

1. 数据采集

数据采集是大数据应用的基础。为了确保数据的准确性和全面性，××乡村政府与多个相关部门展开合作，共同构建了一个完善的数据采集体系。这个体系不仅覆盖了乡村的人口、经济、环境等各个领域，还通过问卷调查、访谈等方式，广泛收集居民的意见和建议。

在数据采集过程中，政府注重保护个人隐私，确保所有数据的合法性和安全性。同时，为了提高数据采集的效率和质量，政府还加强了对采集人员的培训和管理，确保他们能够熟练掌握数据采集技能，并严格遵守相关规定。

2. 数据分析与应用

在数据采集完成后，政府将这些数据输入专门的大数据分析系统中进行处理和分析。这个系统具备强大的数据处理能力和深度挖掘功能，可以对海量数据进行关联分析、趋势预测等复杂操作。

通过数据分析，政府可以更加清晰地了解乡村的各项指标和状况，包括人口结构、经济发展状况、环境质量等。这些数据为政府制定科学合理的政策提供了有力支持。例如，在农业方面，通过对土壤、气候等数据的分析，政府可以指导农民进行科学种植，提高农业生产效率；在环境保护方面，通过对污染源的实时监测和数据分析，政府可以及时发现环境问题并制定相应的治理措施。

此外，大数据技术还可以帮助政府优化资源配置，提高公共服务水平。例如，通过对教育、医疗等领域的数据分析，政府可以更加合理地分配资源，确保每名居民都能享受到优质的教育和医疗服务。

3. 数据驱动的决策流程优化

大数据技术的引入不仅提高了政府的数据处理能力，还推动了决策流程的优化。在传统的决策过程中，政府往往依赖于经验进行判断和决策。而现在，通过大数据分析提供的科学依据，政府可以更加精准地制定政策并评估其效果。

这种数据驱动的决策方式不仅提高了政策的针对性和有效性，还增强了政府的透明度和公信力。居民可以更加清晰地了解政府的决策过程和依据，从而增强对政府的信任和支持。

## 三、人工智能在××乡村安全治理中的实践

### （一）背景介绍

乡村安全治理一直是社会治理的重要环节，它关乎乡村居民的日常生活安定与社会和谐。然而，传统的安全治理方式受限于人力、物力和技术条件，往往面临诸多挑战，如人力不足导致的监控盲区、反应迟缓等问题。为了解决这些问题，并顺应科技发展的潮流，××乡村决定引入人工智能技术，特别是智能监控系统，以期通过科技手段提升乡村的安全治理效率和水平。

1. 传统乡村安全治理存在的问题

在引入人工智能技术之前，××乡村的安全治理主要依赖人力巡逻和传统的监控系统。然而，人力巡逻存在时间、空间上的限制，而且很难做到全天候、全方位的监控。同时，传统的监控系统虽然能够提供一定的视频资料，但由于缺乏智能化分析，往往需要大量的人力去查看和分析视频，效率低下且容

易遗漏重要信息。

### 2. 人工智能技术的优势

人工智能技术特别是智能监控系统，具有实时监控、自动识别异常情况、数据分析等功能。这些功能能够极大地提升安全治理的效率和准确性，降低人力成本，实现全天候、全方位的监控。

### 3. ××乡村的决策与期待

基于以上考虑，××乡村决定引入人工智能技术特别是智能监控系统，来提升乡村的安全治理水平。期待通过这一技术的引入，能够解决传统乡村安全治理存在的问题，为乡村居民提供一个更加安全、和谐的生活环境。

## （二）实施过程

为了充分发挥人工智能技术在乡村安全治理中的作用，××乡村进行了周密的计划和部署，以下是具体实施过程。

### 1. 智能监控系统的安装与布局

在乡村的主要路口、学校、医院等关键位置，当地政府精心选择了高清摄像头和各类传感器的安装点。这些设备的布局充分考虑了监控范围、角度和光线等因素，以确保能够捕捉到清晰、有效的监控画面。同时，为了避免存在监控盲区，还特别增加了一些移动式和隐蔽式摄像头，从而构建起一个全方位、无死角的监控网络。

### 2. 智能监控系统的调试与优化

在智能监控系统安装完成后，专业人员对其进行了全面的调试和优化。他们不仅确保每个摄像头和传感器都能正常工作，还根据实时监控画面调整了摄像头的角度和焦距，以达到最佳监控效果。此外，为了提高系统的稳定性和可靠性，专业人员还进行了多次模拟故障测试和应急演练。

### 3. 监控数据的实时传输与处理

智能监控系统通过高速网络将实时监控数据传输到后台服务器进行分析和处理。在后台，强大的图像处理算法和机器学习模型对监控画面进行实时分析，自动识别出异常情况，如人员聚集、异常行为等。一旦发现异常情况，系统会立即发出警报并自动记录相关证据，为后续的应急响应和事件处理提供有力支持。

# 第九章　新时代乡村社会治理的风险防控与应对

## 》》第一节　乡村社会治理面临的风险分析

### 一、乡村社会治理面临的自然灾害风险分析

（一）乡村社会治理面临的自然灾害风险

在乡村社会治理中，自然灾害风险是一个不可忽视的重要因素。中国地域辽阔，地理环境复杂多变，自然灾害频发，这些都给乡村社会治理带来了严峻挑战。

1. 自然灾害的多样性与频发性

中国是一个自然灾害多发的国家，地震、洪涝、干旱、台风、冰雹等各类自然灾害频繁发生。这些灾害不仅种类繁多，而且往往具有突发性强、破坏性大的特点。在乡村地区，由于地理位置偏远、基础设施薄弱、防灾减灾能力有限，因此自然灾害的影响尤为显著。一旦灾害发生，往往会造成严重的人员伤亡和财产损失，给乡村社会治理带来巨大压力。

2. 自然灾害对乡村经济的冲击

自然灾害对乡村经济的冲击是全方位的。首先，灾害会直接导致农作物减产甚至绝收，影响农民的收入和生活水平。其次，灾害会破坏乡村的基础设施（如道路、桥梁、水利设施等），从而影响乡村的正常生产生活秩序。最后，灾害还可能导致乡村生态环境的恶化。这些冲击不仅会影响乡村的经济发展，还会对乡村社会治理的稳定性和可持续性造成威胁。

### 3. 自然灾害对乡村社会秩序的影响

自然灾害不仅会带来经济损失，还会对乡村社会秩序造成严重影响。灾害发生后，受灾群众的生活陷入困境，心理压力增大，容易出现恐慌、焦虑等情绪。同时，灾害还可能导致社会矛盾的激化，如受灾群众与政府部门、救援机构之间的矛盾及受灾群众内部的矛盾等。这些矛盾如果处理不当，很可能会引发社会不稳定因素，影响乡村社会治理的顺利进行。

### （二）水灾、旱灾等自然灾害及地质灾害对乡村的影响

在乡村社会治理中，自然灾害的影响是不可忽视的。其中，水灾、旱灾及地质灾害（如山体滑坡、泥石流等）对乡村的影响尤为显著，它们不仅威胁着农民的生命财产安全，还对社会稳定和经济发展产生深远影响。

#### 1. 水灾对乡村的影响

（1）破坏农业生产。水灾往往导致农田被淹，农作物受灾严重，甚至绝收。这对于以农业为主要经济来源的乡村来说，无疑是巨大的打击。农民的收入锐减，生活陷入困境，乡村经济发展受阻。

（2）损毁基础设施。水灾还会造成乡村基础设施的严重损毁。道路、桥梁被冲毁，水利设施、电力设备等受到破坏，导致乡村交通中断，供水、供电等公共服务受到影响。这不仅给乡村居民的生活带来极大不便，也增加了灾后重建的难度和成本。

（3）生态环境恶化。水灾过后，大量垃圾和污染物随水流扩散，对乡村生态环境造成严重破坏。水源污染、土壤侵蚀等问题接踵而至，影响了乡村的可持续发展。

#### 2. 旱灾对乡村的影响

（1）农作物减产甚至绝收。旱灾导致土壤干旱、水源枯竭，农作物无法正常生长，从而造成减产甚至绝收。这对于依赖农业生产的乡村来说，同样是沉重的打击。农民收入减少，生活水平下降，乡村经济发展受到严重影响。

（2）水资源紧张。旱灾时期，水资源变得尤为珍贵。乡村居民为了有限的水资源，可能会产生矛盾和冲突。这不仅影响了乡村社会的稳定和谐，还可能引发更严重的社会问题。

（3）生态环境恶化与土地退化。长期的干旱少雨导致土壤水分不足、植被枯萎，进而引发土地退化、沙漠化等问题。乡村生态环境受到严重破坏，生态平衡被打破，对乡村的可持续发展构成威胁。

### 3. 地质灾害（如山体滑坡、泥石流等）对乡村安全的威胁

（1）人员伤亡和财产损失。地质灾害（如山体滑坡、泥石流等）往往具有突发性和破坏性强的特点。一旦发生此类灾害，很可能造成乡村居民的生命和财产损失。房屋被毁、道路中断、农田被埋等现象屡见不鲜，给农民带来极大的生命和财产损失。

（2）基础设施损毁与交通中断。地质灾害还可能导致乡村基础设施损毁和交通中断。道路、桥梁等交通设施被毁，不仅影响了农民的出行和生活，还阻碍了救援物资和人员的进入，增加了救援难度和成本。

（3）生态环境破坏与恢复困难。地质灾害往往伴随着植被破坏、水土流失等问题。这不仅破坏了乡村的生态环境，还可能导致长期的生态恢复困难。受损的生态环境对农民的生活质量和未来发展都产生了负面影响。

## 二、乡村社会治理面临的社会经济风险分析

### （一）农产品价格波动对农民收入的影响

在乡村社会治理中，社会经济风险是一个重要的考量因素。其中，农产品价格波动直接关系到农民的经济利益和生活水平，对农民收入产生深远影响。

#### 1. 农产品价格波动的原因

农产品价格波动受到多种因素的影响。首先，市场供求关系是决定价格波动的基本因素。当农产品供大于求时，价格往往下跌；反之，价格上涨。其次，天气、气候等自然因素也会对农产品价格产生影响。例如，干旱或洪涝等极端天气可能导致农作物减产，进而推高农产品价格。最后，国际贸易政策、货币汇率变动以及国际市场价格波动等也会对国内农产品价格产生影响。

#### 2. 农产品价格波动对农民收入的直接影响

农产品是农民收入的主要来源之一，因此，农产品价格的波动会直接影响农民的收入水平。当农产品价格上涨时，农民的收入会相应增加，这有助于提高农民的生活水平和生产积极性。然而，当农产品价格下跌时，农民的收入会减少，甚至可能导致亏损。这种价格波动带来的收入不稳定性，给农民的生活和生产带来了很大的不确定性。

#### 3. 农产品价格波动对农民收入的间接影响

除了直接影响，农产品价格波动还会对农民收入产生间接影响。首先，价格波动会影响农民的生产决策。当价格下跌时，农民可能会减少投入，甚至放

弃种植某些农作物，这可能导致农民收入的进一步下降。其次，价格波动还会影响农民的消费和投资决策。收入的不稳定性使得农民在消费和投资上更加谨慎，这可能会限制农民的生活水平和经济发展潜力。

（二）乡村人口外流导致的社会结构失衡风险

乡村人口外流是当前中国乡村面临的一个重要问题，它对社会结构产生了深远影响，进而带来一系列社会经济风险。

1. 乡村人口外流的原因和现状

乡村人口外流主要是由城乡经济发展不平衡、教育资源不均衡、就业机会差异等原因导致的。随着城市化进程的加速，越来越多的农民选择离开家乡，到城市谋求更好的发展机会。这种人口流动现象在近年来愈发明显，导致乡村地区人口逐渐减少，甚至出现"空心化"现象。

2. 乡村人口外流对社会结构的影响

乡村人口外流对社会结构产生了多方面的影响。首先，人口外流导致乡村劳动力减少，影响了农业生产和乡村经济的发展。其次，年轻劳动力的流失使得乡村人口老龄化问题日益严重，社会保障压力增大。最后，人口外流还可能导致乡村文化的衰落和传统文化的遗失。

3. 乡村人口外流带来的社会经济风险

乡村人口外流带来的社会经济风险主要体现在以下几个方面：一是农业生产受限，粮食安全受到威胁。由于劳动力减少，农田可能得不到有效耕作和管理，进而影响粮食产量和质量。二是乡村经济发展滞后，贫富差距扩大。人口外流使得乡村地区缺乏发展动力和创新精神，经济发展陷入困境。三是社会稳定问题增多。人口外流可能导致社会治安、留守儿童等问题日益突出，影响社会稳定和谐。

## 三、乡村社会治理面临的公共卫生事件风险分析

公共卫生事件，尤其是传染病的暴发，是乡村社会治理中不容忽视的潜在风险。这类事件不仅对乡村居民的健康构成威胁，还可能引发一系列社会问题。

（一）公共卫生事件的潜在风险

公共卫生事件的潜在风险主要体现在疾病快速传播、医疗资源紧张，以及

社会恐慌蔓延等方面。在乡村地区，由于基础设施建设相对薄弱、医疗资源有限，一旦发生传染病等公共卫生事件，很容易导致疫情失控，给乡村居民带来严重的健康威胁。同时，疫情的暴发还可能引发居民对政府和医疗机构的信任危机，加剧社会矛盾。

（二）公共卫生事件对社会稳定的影响

公共卫生事件的发生往往伴随着社会恐慌的蔓延。乡村居民在面临健康威胁时，容易产生焦虑、恐惧等情绪，这些情绪会进一步加剧社会的不稳定。此外，疫情还可能导致乡村经济的停滞和衰退，以及失业率的升高和社会的不满情绪加剧。在严重的情况下，甚至可能引发社会动荡和政治危机。

# 》》第二节　新时代乡村社会治理风险防控与应对的策略

## 一、新时代乡村社会治理风险预警与监测

（一）建立完善的风险预警系统

在新时代乡村社会治理中，建立完善的风险预警系统是确保乡村社会稳定、预防和化解各类风险的重要举措。风险预警系统能够及时识别和预测潜在的社会经济风险，为政府和相关部门提供决策支持，从而采取有效措施防范和应对风险。

1. 构建多层次、全方位的风险预警网络

为了全面覆盖乡村社会治理的各个领域，应构建一个多层次、全方位的风险预警网络。这个网络应包括政府部门、社区组织、企业和居民等多个层级和主体，形成信息共享、协同工作的机制。政府部门应发挥主导作用，制定相关政策和标准，提供技术支持和资金保障；社区组织和企业应积极参与风险预警工作，及时上报和反馈风险信息；居民也应增强风险意识，主动发现和报告身边的风险隐患。

2. 利用现代信息技术提升预警能力

随着信息技术的快速发展，大数据、云计算、物联网等现代信息技术在风险预警领域的应用越来越广泛。利用这些技术可以实现对海量数据的实时采

集、分析和处理，提高风险预警的准确性和时效性。例如，可以利用大数据分析技术对乡村社会经济数据进行深入挖掘，发现潜在的风险点和发展趋势；通过物联网技术对乡村环境进行实时监测，及时发现和处理环境污染等风险。

3. 建立风险预警指标体系

为了确保风险预警的准确性和可操作性，需要建立一套科学、合理的风险预警指标体系。这套指标体系应涵盖乡村社会治理的各个方面，如经济发展、社会稳定、环境保护等。具体指标可以包括经济增长率、失业率、犯罪率、环境质量指数等。对这些指标进行定期监测和分析可以及时发现潜在的风险并采取相应的应对措施。

### （二）实时监测和评估各类风险的发展趋势

实时监测和评估各类风险的发展趋势是新时代乡村社会治理的重要环节。通过对风险的实时监测和评估，可以及时发现和解决潜在问题，确保乡村社会的稳定和持续发展。

1. 加大实时监测力度

实时监测是及时发现和处理风险的关键。政府部门和相关机构应建立完善的实时监测机制，对乡村社会经济状况进行持续跟踪和监测。这包括对乡村经济、社会、环境等各个方面的实时监测，以及时掌握各类风险的发展动态。同时，应加大对重点领域和关键环节的监测力度，如农产品市场价格波动、乡村治安状况等。

2. 定期评估风险发展趋势

除了实时监测，还需要定期评估各类风险的发展趋势。评估工作应由专业机构或专家团队负责，采用科学的方法和手段进行分析和预测。评估内容应包括风险的类型、程度、发展趋势，以及对乡村社会的影响等。通过评估结果，为政府部门提供决策依据，制定有针对性的风险防范和应对措施。

3. 建立信息共享和沟通机制

为了实现实时监测和评估的有效性，需要建立信息共享和沟通机制。政府部门、社区组织、企业和居民之间应加强信息交流与合作，共同应对各类风险挑战。这包括建立统一的信息平台或数据库，实现信息的实时更新和共享；定期召开风险评估会议或研讨会，共同分析风险形势并探讨应对策略等。这些措施的实施可以提高乡村社会治理的效率和水平，确保乡村社会的稳定和繁荣发展。

## 二、新时代乡村社会治理风险管理与减灾措施

### （一）制订针对性的风险管理计划

在新时代乡村社会治理中，风险管理是一项至关重要的任务。为了有效应对各种潜在风险，确保乡村社会的稳定和持续发展，必须制订针对性的风险管理计划。

**1. 识别与评估风险**

风险管理计划的首要任务是识别和评估乡村面临的各种风险。这包括自然灾害风险（如洪涝、干旱、地震等），以及社会经济风险（如农产品价格波动、人口外流等）。通过全面的风险评估，可以明确乡村面临的主要风险类型和程度，为制定有效的风险管理策略提供重要依据。

**2. 制定风险管理策略和措施**

根据风险评估结果，应制定具体风险管理策略和措施。对于自然灾害风险，可以采取加强预警系统建设、完善应急预案、提高居民防灾意识等措施。对于社会经济风险，可以通过政策引导、市场调节、社会保障等手段进行干预和管理。此外，还应注重风险管理的长期性和持续性，确保计划的灵活性和适应性。

**3. 建立风险管理机制和体系**

为了确保风险管理计划的有效实施，需要建立一套完善的风险管理机制和体系。这包括明确风险管理责任主体、制定风险管理流程和标准、建立风险信息共享平台等。同时，应加强风险管理的监督和评估，确保各项措施得到有效执行，及时调整和优化风险管理计划。

### （二）加强防灾减灾基础设施建设

防灾减灾基础设施是新时代乡村社会治理的重要组成部分。加强基础设施建设可以有效降低自然灾害对乡村社会的影响，提高乡村社会的抵御能力和恢复能力。

**1. 完善防灾减灾设施网络**

针对乡村地区常见的自然灾害类型，应完善相应的防灾减灾设施网络。例如，在洪涝灾害频发的地区，可以加强堤防、水库等水利设施的建设和维护；在地震多发的地区，应注重房屋建筑的抗震设计和加固等。同时，应加强乡村

道路的规划和建设，确保在灾害发生时能够及时疏散人员和物资。

2. 提升应急响应和救援能力

在加强防灾减灾基础设施建设的同时，应提升乡村社会的应急响应和救援能力。这包括建立完善的应急预案体系、加强应急救援队伍的建设和培训、提高应急救援设备的配备水平等。此外，还应定期开展应急演练活动，提高乡村居民的自救互救能力和应对突发事件的能力。

3. 强化科技支撑和信息化建设

随着科技的不断进步和信息化建设的深入发展，科技支撑在防灾减灾中的作用日益凸显。因此，在加强防灾减灾基础设施建设的过程中，应注重引入先进的科技手段和信息化技术。例如，可以利用遥感技术、物联网技术等对自然灾害进行实时监测和预警；通过大数据分析和人工智能技术优化应急预案和救援决策等。这些措施将有助于提高防灾减灾的效率和准确性，更好地维护乡村社会的安全和稳定。

## 三、新时代乡村社会治理风险应急响应与恢复

### （一）建立快速有效的应急响应机制

在新时代，随着城乡发展的日益融合，乡村社会治理面临的风险也日益多样化、复杂化。为了有效应对这些风险，必须建立一套快速有效的应急响应机制。这一机制应包含预警、响应、协调等多个环节，以确保在突发事件发生时能够迅速、准确地作出反应，最大限度地减少损失。

1. 建立全面的风险预警系统

为了实现对乡村社会治理风险的有效预警，应构建一个全面的风险预警系统。这个系统应整合气象、地质、环境等多方面的监测数据，通过大数据分析技术，实现对潜在风险的实时识别和预警。同时，系统还应具备信息发布功能，能够在第一时间将预警信息传达给相关部门和居民，以便他们及时采取应对措施。

2. 构建高效的应急响应流程

应急响应流程的构建是确保在突发事件发生时能够迅速、有效地进行应对的关键。这个流程应包括应急预案制定、应急资源调配、现场指挥与协调、信息发布与舆情控制等多个环节。特别需要强调的是，应急预案制定应结合乡村地区的实际情况，明确各部门的职责和协作方式，以确保在紧急情况下能够有

序、高效地开展救援工作。

### 3. 强化跨部门协调与合作

在应对乡村社会治理风险时，需要政府、消防、医疗、交通等多个部门的紧密合作。因此，必须强化跨部门的协调与合作机制。这包括建立信息共享平台及协同救援演练等。这些措施不仅可以提高各部门之间的协同作战能力，还能确保在突发事件发生时能够迅速整合资源，形成合力。

### （二）灾后恢复与重建的策略与措施

灾后恢复与重建工作对于受灾地区的社会稳定和经济发展具有重要意义。为了确保灾后恢复与重建工作的顺利进行，需要采取一系列策略与措施，包括评估灾害损失、制订恢复计划、调动各方资源及关注受灾群众的心理重建等。

### 1. 全面评估灾害损失

灾后恢复与重建的第一步是对灾害损失进行全面评估。这包括对受灾地区的基础设施、房屋、农作物等财产损失的评估，以及对受灾群众的生活状况和心理影响的评估。评估结果将为后续的恢复与重建工作提供重要依据。

### 2. 制订科学的恢复计划

根据灾害损失评估结果，需要制订一份科学的恢复计划。这份计划应明确恢复目标、时间表、所需资源，以及责任分工等。同时，计划还应考虑受灾地区的实际情况和未来发展需求，确保恢复工作的可持续性和长远效益。

### 3. 调动各方资源支持恢复工作

灾后恢复与重建需要大量的资源支持，包括资金、物资、人力等。因此，必须积极调动政府、企业、社会组织，以及个人等各方资源，共同参与恢复工作。政府可以提供政策支持和资金援助；企业可以捐赠物资或者提供技术支持；社会组织可以发挥其在公益慈善方面的优势，为受灾群众提供帮助；而个人则可以通过志愿服务等方式参与恢复工作。

### 4. 关注受灾群众的心理重建

除了物质层面的恢复，还需要关注受灾群众的心理重建。灾害往往会给受灾群众带来巨大的心理压力和创伤，因此，需要通过心理咨询、心理干预等方式帮助受灾群众走出阴影，重建信心。同时，社区和社会组织也可以开展各种形式的活动，帮助受灾群众重新融入社会，恢复正常生活。

## 第三节 建立健全乡村应急管理体系

### 一、应急管理体系构建

#### （一）明确应急管理的组织架构与职责分工

应急管理体系构建是国家安全和社会稳定的重要保障，明确应急管理的组织架构与职责分工则是这一体系建设的基石。

1. 明确各级应急管理部门的职责

在应急管理组织架构中，各级应急管理部门应明确各自的职责。中华人民共和国应急管理部主要负责制定全国性的应急管理政策、法规和标准，指导协调全国应急管理工作，以及组织重大突发事件的应对等。地方应急管理部门则负责具体实施应急预案，组织开展应急演练，监控和报告突发事件，以及协调相关部门进行应急处置等。

2. 细化职责分工，形成工作合力

除了明确各级应急管理部门的职责，还需要进一步细化职责分工，确保各项应急管理工作能够落到实处。例如，可以设立专门的监测预警团队，负责实时监测和预警可能发生的突发事件；设立应急处置团队，负责在突发事件发生时迅速响应并进行有效处置；设立信息发布和舆情应对团队，负责与公众沟通和引导舆论等。通过细化职责分工，可以形成工作合力，提高应急管理的效率和效果。

#### （二）完善应急预案的制定机制与更新机制

应急预案是应急管理体系的重要组成部分，是应对突发事件的行动指南。完善应急预案的制定机制与更新机制对于提高应急管理的针对性和实效性具有重要意义。

1. 科学制定应急预案

应急预案的制定应遵循科学、实用的原则，结合实际情况和可能面临的风险进行编制。预案内容应包括应急组织体系、预警与报告机制、应急处置流程、资源保障措施等。在制定过程中，应广泛征求相关部门和专家的意见，确保预案的科学性和可操作性。

2. 定期评估与更新应急预案

随着社会发展和环境变化，原有的应急预案可能不再适应新的形势和需求。因此，需要建立定期评估与更新机制，对预案进行及时修订和完善。评估工作可以邀请专业机构和专家参与，对预案的针对性、实用性和可操作性进行全面评估。根据评估结果，对预案进行必要的修订和补充，确保其始终与实际情况相符。

3. 加强应急预案的宣传与培训

在制定完善的应急预案后，还需要加强对其宣传与培训工作。通过广泛宣传，提高公众对应急预案的认知度和重视程度；通过定期组织培训活动，提升相关部门和人员的应急处置能力。这样可以确保在突发事件发生时，能够迅速、有效地启动应急预案，最大限度地减少损失和影响。

## 二、应急资源整合与调配

### （一）应急资源整合

1. 整合现有资源，构建应急物资储备体系

在应对突发事件的过程中，物资储备是至关重要的。为了有效地整合应急资源，首先要构建一个完善的应急物资储备体系。这一体系应包括中央储备、地方储备及社会储备等多个层级，确保在灾害发生时，能够迅速调动所需物资。同时，要对储备物资进行定期检查和更新，确保其质量和数量满足应急需求。

中央储备应着眼于国家战略安全，储备重要的、稀缺的应急物资，以备不时之需。地方储备则应根据地方实际，结合灾害发生的特点和规律，有针对性地储备物资。此外，还应鼓励和支持社会力量参与应急物资储备，通过政策引导、财政补贴等方式，激发社会组织和企业的积极性。

2. 建立信息共享平台，提升资源整合效率

信息的及时获取和共享对于应急资源的整合至关重要。因此，应建立一个统一的信息共享平台，将各级政府、社会组织、企业等各方面的应急资源信息进行汇总和整合。通过这个平台，可以实时掌握各地应急物资的储备情况、分布状况和使用情况，为快速响应提供有力支持。

同时，信息共享平台还可以促进各方之间的沟通与协作，避免资源重复储备和浪费。在灾害发生时，相关部门可以通过平台迅速了解到哪些地区有哪些

可用的应急资源，从而进行高效的资源整合和调配。

### 3. 完善法律法规，保障资源整合的顺利进行

要确保应急资源的有效整合，还需要完善的法律法规作为保障。这些法律法规应明确各级政府、社会组织、企业在应急资源整合中的责任和义务，规范应急物资的管理和使用。同时，应建立健全监督机制，对应急资源的使用情况进行定期审计和公示，确保资源的透明、公开和合理使用。

### （二）应急资源调配与应急队伍建设

#### 1. 建立高效的应急资源调配机制

在应对突发事件时，如何快速有效地调配应急资源是至关重要的。因此，需要建立一个高效的应急资源调配机制。这一机制应基于实时的灾情评估和预测，以及对应急物资储备情况的全面掌握。通过科学的调配策略，确保应急资源能够在最短的时间内到达最需要的地方。

同时，这一机制还应包括与交通、通信等相关部门的紧密协作，以确保在灾害发生时，能够迅速调动各方力量，共同应对。此外，还应定期对应急资源调配机制进行评估和改进，以适应不断变化的应急需求。

#### 2. 加强应急队伍建设与专业化培训

应急队伍是应对突发事件的主力军，他们的专业素养和应对能力直接关系到灾害救援的效果。因此，必须加强应急队伍的建设和专业化培训。这包括对应急队伍进行定期的技能培训、心理培训及实战演练等，以提高他们的应变能力和专业素养。

同时，应注重应急队伍之间的沟通与协作能力培养，确保在灾害发生时，各队伍之间能够迅速形成合力，共同应对。此外，还可以通过引进专业人才、与高校和研究机构合作等方式，不断提升应急队伍的整体水平。

#### 3. 利用科技手段提升应急资源调配效率

随着科技的发展，可以利用更多的技术手段来提升应急资源的调配效率。例如，可以利用大数据和人工智能技术对应急资源进行智能分析和优化调配，利用物联网技术对储备物资进行实时监控和管理，利用无人机、无人车等技术进行快速的物资运输和投放等。

这些科技手段的应用不仅可以提高应急资源调配的准确性和效率，还可以降低人力成本和安全风险。因此，应积极探索和引进这些先进技术，不断完善和提升应急管理体系。

# 第十章 新时代乡村社会治理的实践案例与未来展望

## ≫≫ 第一节 新时代乡村社会治理的实践案例

### 一、巴林右旗乡村社会治理实践案例

#### （一）工作推进情况

强化责任落实。坚持三级书记抓乡村振兴，成立农村牧区工作领导小组和乡村振兴工作领导小组，明确旗委、旗政府负主体责任，苏木镇党委、政府负直接责任，嘎查村为落实责任，行业部门为指导责任的责任落实体系。旗委明确提出乡村振兴作为全旗 9 项重点工作之一，单独列入《2023 年全旗经济社会领域重点任务分工方案》，细化任务分工，明确牵头领导、责任领导和责任单位，形成上下贯通组织领导推进机制合力。坚持规划引领，充分结合上级相关文件精神，正在制定《巩固拓展脱贫攻坚成果同乡村振兴有效衔接工作责任任务清单》和《巩固拓展脱贫攻坚成果与乡村振兴有效衔接工作联席会议制度》等政策性文件，明确工作路线图。

扎实开展返贫监测。按照《巴林右旗健全防止返贫动态监测和帮扶机制工作方案》，通过加强常态化监控，定期开展常态化监测，将日常监控、定期检查、重点核查和集中排查有机结合，旗、苏木镇街道、嘎查村三级联动，做到监测帮扶不落一人、不落一户。自 2023 年初以来，以医疗、教育、住房安全、饮水安全、产业就业、易地扶贫搬迁后续扶持、小额信贷、兜底保障等配套政策和落实情况作为排查重点，积极开展全旗性监测帮扶工作，不断更新监测数据，并实施数据共享，及时通报工作进展情况，为有效采取帮扶措施提供保

障。

扎实推进项目建设。稳步加大财政投入，提高项目投资标准。2021年以来，累计整合各级各类涉农涉牧资金2.99亿元，实施巩固拓展脱贫成果、防止返贫致贫动态监测项目、产业发展类项目、基础设施建设类项目共计226个。2023年，围绕防返贫致贫动态监测和帮扶，推进乡村振兴示范村和重点帮扶村建设，推动牛羊养殖、山野菜和葵花种植等特色产业发展，补齐农村牧区基础设施短板等，整合各类资金，计划投入衔接资金1.25亿元，实施项目18个。深入推进京蒙协作，计划申请京蒙协作资金5477.38万元，实施项目9个，完成消费帮扶任务1亿元、已脱贫人口务工就业900人、赴京跟岗培训67人。目前，各地区、各部门正在加快项目建设，做好跟踪服务，努力将帮扶项目转化为帮扶成果，确保帮扶项目发挥长效作用。

推进乡村建设和乡村治理。在乡村治理方面，制定《巴林右旗加强和改进乡村治理的实施方案》，明确工作任务和工作职责，推动工作的全面开展实施。建立联席会议制度，坚持每季度召开一次乡村建设与治理工作联席会议，听取工作开展情况汇报，对阶段性工作进行安排部署，研究解决工作中存在的困难和问题，真正做到部署到位、任务到位、落实到位。推广完善工作举措，制定《巴林右旗"积分制+美丽乡村"乡村治理积分制推广运用实施方案》，以党建引领推进"积分制"工作。将"三变"改革试点村、乡村振兴示范村全部列为乡村振兴试点，鼓励各苏木镇街道开展示范创建工作。持续推广"积分制""清单制"等做法，由各苏木镇党委书记牵头组建专项工作团队，全程指导，深度介入乡村治理"积分制"试点探索工作。同时，成立积分认定和监督团队，从组织管理层面确保"积分制"有效落实。试点村的积分认定过程由村民、工作队、认定监督工作组共同完成，推动村庄管理的网格化，提升村民的参与度，营造村民全员参与乡村治理的良好氛围。建立奖励约束机制，制定统一规范标准，完善村议事会、村民理事会、村民监事会等协商推进机制，落实民事民议、民事民办、民事民管要求，充分提高群众的参与度和支持度。推进乡风文明建设，推动健全"一约四会"制度，全部建成新时代文明实践站、文明团结超市，充分调动社会力量参与。推广道德银行、诚信体系、红黑榜等经验和做法，推动形成科学文明健康的时代风尚。推进道德标兵、美丽家庭等创建活动，开展文明家庭、民族团结进步、孝老爱亲、致富示范户推选活动，广泛开展群众互助式文明实践志愿服务，大力弘扬社会主义核心价值观。建立约束机制，制定负面清单，充实到村规民约，对负面典型采取项目和资金等方面限制方法以推动乡风文明治理。在环境整治方面，积极开展农村牧区环境综合整治工作，探索形成了"户分离、村收集、企业转运、无害化处理、资源化利用"5 个环节处置的垃圾处理体系。

贯彻落实市委全会、两会精神。旗委、旗政府高度重视，认真贯彻落实市委全会、两会精神，将"全面推进乡村振兴"为事关全局、事关党在基层的执政基础、事关广大群众民生福祉的重大政治任务和全部工作的重中之重，列为"一把手"工程，党政主要领导亲自过问、亲自督导、亲自抓落实，坚持高位推动各项工作任务落地。召开 2023 年旗委理论学习中心组学习暨领导干部新春读书会、全旗党建引领经济社会高质量发展工作会议、巴林右旗农业农村现代化科技支撑规划论证会等会议，召开旗委常委会 2 次，讨论乡村振兴思路规划，传达学习领会市委全会、两会关于乡村振兴工作精神，认真贯彻落实中央、自治区和赤峰市关于巩固拓展脱贫攻坚成果同乡村振兴有效衔接工作的决策部署，把实施乡村振兴战略作为新时代"三农"工作的新旗帜和总抓手，有效提升脱贫攻坚成果，切实推动乡村全面振兴。

（二）工作亮点和首创性方法

坚持激发内力，创新推动"三变"改革。2022 年选取巴彦塔拉苏木宝木图嘎查、巴彦琥硕镇四家村、索博日嘎镇包木绍绕嘎查作为市级"三变"改革试点嘎查村，其他苏木镇街道择优选取 8 个旗级"三变"改革试点嘎查村。其中，包木绍绕嘎查以土地合作社作为"三变"改革工作切入点，发动村民入股，统一开展土地整理，采用"先对内、后对外"的方法进行公开招租 3360 亩，实现每亩增收 120 元。通过试点建设，发挥合作组织、集体、大户、能人的示范带动作用，让群众看到收益的对比，自然会产生参与感、主动性。2023 年，以试点嘎查村为基础，积极吸纳农牧民参与谋划项目建设，采取公开征集项目业主和竞争性演讲方式谋划和选择对经济社会发展有明显带动作用、能迅速实施、市场前景好、生态效益好的项目，并全部列入项目库，优先安排落实竞争性演讲方式选定的项目。在市级安排专项资金的基础上，计划筹集项目结余资金和收益金，整合使用到"三变"改革试点嘎查村。目前，正在积极建设"三变"改革资源交易平台，打算将全旗计划出租的各类资源进行整合，形成一个大的项目，进行公开竞价，确定经营业主，确保各类资源实现效益最大化、经营稳定化。加强与金融机构合作，金融机构以基准利率提供贷款的合作意向，同时引导有条件的嘎查村利用原有集体经济资金或群众入股等方式用作"三变"改革资源资产盘活利用或发展壮大，解决前期资金不足的问题。

坚持生态优先，推进绿色转型示范区建设。坚持将绿色转型示范区建设作为乡村振兴高质量发展的重要内容，并同乡村振兴示范镇、村打造紧密结合，努力打造精品、培树典型。全旗现有绿色转型示范区 2 个，国家级乡村振兴示范嘎查村 3 个、自治区及重点帮扶嘎查村 16 个，自治区级乡村振兴示范嘎查村 5 个，京蒙协作支持的示范村 5 个。

坚持统筹规划，完善生活垃圾收运体系。优化整体布局，提高乡村建设和人居环境水平，新建索博日嘎镇、宝日勿苏镇生活垃圾处理厂，充分利用大板垃圾填埋场和巴彦琥硕镇垃圾处理厂，配套完善各苏木镇街道垃圾池、中转站等基础设施建设。采取"分离、收集、转运、处理、利用"5 个环节处置模式推进乡村生活垃圾分类清运。

### （三）存在的问题

一是巩固拓展脱贫攻坚成果工作有待于进一步加强。农牧业产业化龙头企业少，农畜产品精深加工率低、市场占有率低、品牌效应低，农牧业规模化、集约化水平低，农牧业产业链条不长，在支柱产业、龙头企业引领方面还存在短板，帮扶衔接产业尚未形成良性循环，脱贫户抵御经营风险能力较低，如受自然灾害或市场等因素影响，极易造成返贫现象，将影响后续巩固提升成效。对此，将坚持以科技创新为主导，结合地区优势，进一步深化"为养而种、为牧而农，以牧带农，农牧结合"的发展布局，形成集家畜地方品种保护利用、新品种培育、标准化养殖、天然草场合理利用、智慧农牧业、育肥屠宰加工、品牌建设等全产业链"种、养、产、销"一体化技术体系。

二是乡村振兴政策宣传不到位。农牧民对参与"三变"改革心存顾虑，担心自家土地、林地资源入股得不到分红，担心资金入股后有去无回，对改革的理解能力不足。牧区耕地、荒山、荒地等农村资产的地理位置偏远，而且有一部分耕地、林地等资源已经流转到个人，进行二次流转的难度大、成本高，再加上农牧民与村集体的入股土地数量较少、折价较低，近些年来，耕地承包价格不断攀升，这便导致了群众的入股意愿低，其更倾向于采用租用土地、分年付清租金的方式。对此，要在建立农畜产品生产基地、加快发展农畜产品加工业、文化旅游业，建设农牧业机械专业合作社等方面做文章，深入挖掘潜力并完善利益联结机制，从而形成资源全面有效开发利用、组织程度稳步提升、市场效益充分发挥的良好局面，达到"三变"改革的预期目标。

### （四）意见和建议

完善土地流转使用管理体系。建议大力构建流转顺畅、服务高效、操作便捷的土地经营权市场交易体系和平台，强化信息发布、政策咨询、合同备案、价格评估、纠纷仲裁等服务机制，引导土地经营权更多地通过公开市场流转，促使土地资源在更大范围内得到优化配置。

加大科技培训教育力度。建议加大技能培训力度，利用培训班、现场观摩、田间示范、技术指导，结合信息和网络传播平台，开展多渠道、多形式、多方法的农牧民培训，让新技术、新理念、新方式在示范基地上优先落地和熟化，对农技人员、高素质农牧民进行技术培训。

## 二、翁牛特旗乡村社会治理实践案例

### （一）工作开展情况

常态化开展防返贫致贫动态监测和帮扶。制发《易返贫致贫户帮扶工作方案》，精准运用个人申报、干部走访、部门筛查预警 3 种方式，对监测户按不同劳动能力分类落实帮扶措施。截至 2022 年末，全旗共识别监测对象 105 户 253 人，风险消除监测对象 102 户 282 人，建档立卡脱贫户人均纯收入达 16415 元，较 2021 年增长 12.5%，脱贫人口收入增速高于全旗农牧民收入增速。

巩固提升"三保障"和饮水安全。一是义务教育保障。为全旗义务教育阶段脱贫不稳定家庭学生、边缘易致贫家庭学生 953 人，低保家庭学生 646 人，全部落实资助政策。针对因身体因素不能到校就读学生 61 人，实施"送教上门"。二是基本医疗保障。深入落实医保惠民政策，六类人员参保率 100%，全旗农村牧区低保对象、特困人员和易返贫致贫人口、突发困难群体等 29.9 万人已完成签约服务管理。三是住房安全保障。严格落实危房改造政策，对全旗常住农牧户住房安全实行动态监测、动态管理，确保群众住房安全。

扎实推进稳岗就业。组织开展劳务输出、安置就业、自主创业就业等措施。2022 年，全旗脱贫人口实现务工就业 7803 人，其中区外就业 1024 人，区内旗外就业 1266 人，旗内就业 5513 人，设置公益性岗位 2913 个。

壮大优势产业发展。结合乡村示范嘎查村、重点帮扶村建设，投入财政衔接补助资金和京蒙协作资金 1.83 亿元，围绕肉牛养殖、露地蔬菜等优势产业，建设产业类项目 74 个，进一步发展壮大嘎查村集体经济，实现安置农牧民就近务工就业增收。

加快推进项目建设和防返贫保障。坚持以顶格标准、满格状态、真格措施推进项目建设，为全面推进乡村振兴蓄力赋能。一是聚力乡村建设。聚焦产业、医疗、教育、基础设施等领域。二是落实脱贫人口小额信贷。落实利息 1.95% 的"民心贷·旺牛"专项贷款 3.88 亿元。三是强化防贫保险项目。与中国平安、人民财险、大地财险 3 家保险公司签订防贫保险合作协议，投入防贫保险补助资金 634 万元。截至目前，符合理赔条件 454 人，已理赔金额 275 万元。

持续推进"三变"改革。率先在乌丹镇赛沁塔拉嘎查、桥头镇灯笼村、五分地镇东他拉村、广德公镇高家梁村、海拉苏镇乌兰吉达盖嘎查、阿什罕苏木乌兰敖都嘎查 6 个嘎查村签订了试点合作协议，在毛山东乡房申沟村同步进行试点工作，并将广德公镇、毛山东乡、海拉苏镇作为镇级试点开始实施。截至 2024 年，7 个试点嘎查村均已完成股权量化确认、股东代表及理事监事推选等工作，通过土地招租、经营权转让等增加收益 40~300 万元不等。6 个嘎查村（除阿什罕苏木）已完成 1~2 次分红，其中，毛山东乡房申沟村人均增收在 1000 元以上，群众参与"三变"改革的积极性显著提高。

加强人居环境整治。编制印发《翁牛特旗人居环境整治五年行动实施方案》，采取"EPC+O"模式，探索"户收集、镇村监督、三方运维"生活垃圾运营处理体系，实施广德公镇马家营子村垃圾无害化处理项目，总投资 1696 万元，建设垃圾收集点 206 个，配套垃圾分拣、高温热解炉等附属设备，覆盖周边 3 个乡镇 20 个行政村 206 个自然村，受益群众约 1 万户 2.2 万人。同时，乌丹镇驿马吐村、解放营子乡新窝铺村分别实施的村级小型垃圾无害化处理项目已进入调试运营阶段。有序推进厕所革命，完成 2022 年度户厕改造 3049 户，厕改任务指标超额完成 32.3%。

改善提升乡村治理水平。深入开展乡风文明提升行动，因地制宜推广"积分制""清单化"管理，进一步细化村规民约，推动农村牧区移风易俗。扎实推进嘎查村网格化管理，划分网格 2524 个，配备专兼职网格员 4018 名，基层治理精细化水平不断提升。

（二）落实市委全会、两会工作精神的思路安排

一是持续巩固拓展脱贫攻坚成果。坚持功夫在平时，贵在日常抓落实，强

127

化终端用户，加强防返贫致贫动态监测和帮扶，不断强化京蒙协作和定点帮扶，加大脱贫人口稳岗就业力度，牢牢守住不发生规模性返贫的底线。2023年，围绕巩固拓展脱贫攻坚成果，谋划安排项目 7 个，总投资 4647 万元。

二是发展壮大乡村特色产业。坚持把发展特色产业放在首位，发展壮大肉牛、旱作高标准农田、露地蔬菜等特色种植养殖业和农牧业产业，形成产业体系，推进藜麦产业发展，建立健全利益共享机制，打通销路，拓展市场，实现富民增收。2023 年计划实施产业项目 24 个，总投资 2.28 亿元。在此基础上，与中藜高科有限公司深化合作，力争发展藜麦种植 5 万亩，同步建设深精加工厂和产品生产线，实现全产业链发展。

三是深入推进农村牧区"三变"改革和"三位一体"体系建设。统筹推进"三变"改革、"三位一体"综合合作组织试点工作，动员嘎查村党组织，有效整合土地资源，合理设置土地租期，公开操作，利益共享，不断提高农牧民组织化程度，持续壮大嘎查村集体经济。

四是做好支撑保障工作。夯实基层党组织建设，推进党支部标准化规范化和"最强党支部"建设，加大对嘎查村干部和驻村工作队培训管理力度，提升政策把握、执行、促进高质量发展的能力水平，不断增强基层党组织的组织力、凝聚力、战斗力，以党建引领带动乡村发展、以组织振兴助力乡村振兴。

五是深入实施乡村建设行动。加快推动老哈河、西拉沐沦河"两河"流域乡村振兴与绿色转型示范区建设，创建乡村振兴示范镇 1 个、示范嘎查村 11 个。扎实推进乡村建设行动和人居环境整治提升五年行动，建成垃圾分拣和无害化处理厂 3 座，完成户厕改建 3500 户，围绕人居环境整治和公共服务水平提升实施项目 10 个。完善推广"网格化+积分"管理模式，健全村规民约、推动移风易俗，建设宜居宜业和美乡村。

（三）工作亮点和首创性做法

以实地参观示范推进户厕改建。坚持宜水则水，宜旱则旱，深入开展实地调研，坚决做到"建一户、成一户"。组织嘎查村群众实地参观学习户厕改建，切身感受厕所改建成果。通过召开村民代表大会、党员带群众、村民代表带亲属等方式，加大参观学习宣传力度，逐步转变群众思想观念，推动户厕改建高质量开展。2022 年 8 月，翁旗成功举办全区农村牧区户厕改建工作业务培训班。

探索"村民+村镇+政府"三方共治的生活垃圾处理新模式。广德公镇马家营子村垃圾无害化处理项目坚持"户清扫收集、镇村监督、环投公司运维处理"的模式运行，建立了相对完善的生活垃圾收运处置体系，后期运营维护费用以村民缴费 100 万元（100 元/户）+村集体经济支付 100 万元（5 万元/村）+其余部分旗财政补贴的方式支付，真正实现了村民、村镇、政府共同参与的良好局面。目前，项目区生活垃圾资源化利用率在 50%~70%，减量化在 90% 以上，无害化处理达到 100%。

完善"四要素"推进"三变改革"。一是建立健全体制机制。专门印发《全旗党建引领农村牧区"三变"改革发展壮大嘎查村集体经济试点工作方案》等指导性文件，成立旗委"三变"改革试点专项工作领导小组，推动"三变"改革立体组织架构纵向到底。二是构建多元工作机制。首先，聘请全国著名"三农"专家卢水生教授全程指导，及时沟通解决"三变"改革进程中的难点堵点问题。其次，坚持旗布局、镇推动、村落实的工作格局，明确分工、细化责任、层层推进，确保各项工作部署落地落实。最后，以 7 个试点嘎查村为示范引领，组织开展实地交流学习，让全旗更多嘎查村转变思想、激发干劲、主动求变，引导"三变"改革纵深推进。三是坚持发展特色产业。将土地入社整合，发挥土地整合集聚效应，结合旱作高标准农田建设，引导种植业结构调整，种植经济效益好的经济作物，引进特色种植产业，实现富民增收。比如，翁旗毛山东乡房申沟村通过"三变改革五大合作"，完成了全村两次分红，分别为 160.2 万元和 113.4 万元。在土地入社整合后，继续推进旱作高标准农田建设，积极引进青岛、大连和赤峰本地朝天椒、红小豆、党参等作物，种植面积共 1.3 万亩。四是发展壮大集体经济。土地合作社通过竞价的方式进行内外循环，坡地每亩差价 30 元左右，平地每亩差价 100 元左右，仅此一项，就可使村集体经济收入增加 42 万元。林业专业合作流转林地 5000 亩种植中草药，可为村集体创收 10 万元。全旗有市级改革示范嘎查村 6 个，旗级 7 个，跟学嘎查村 13 个。同时，翁牛特旗已向内蒙古自治区提交赤峰市唯一一家自治区级农村集体经营性建设用地入市试点申请，正等待自治区批复。

"筑巢引凤"打造产业发展"新引擎"。利用北京资金、信息、技术和市场优势，依托杨家营子现代农业示范园区，探索创新农业现代示范园"EPC+O"建设模式，实行从设计、采购、施工到运营全过程管理，推动杨家营子现代农业示范园区建设走上了发展的快车道。截至 2023 年 1 月末，杨家营子现代农业示范园区已建成 607 栋日光温室及配套设施并投入运营；新建高标准智能连栋温室 6 万平方米；完成牛市长虹小镇仓储物流中心主体工程建设，每年现金收益在 2500 万元以上，有效带动当地 200 多名易地搬迁群众和城区周边群众直接参与经营或就近务工，户均实现增收 3000 元以上。

精品打造藜麦产业。依托京蒙协作引入北京中藜高科有限公司，在亿合公镇选取高山漫甸地区种植藜麦 1.7 万亩，解决了当地群众持续增收问题，在紫城街道德日苏嘎查建设 414 亩藜麦育种基地。据统计，亿合公镇旱泡子、西场村仅土地流转阶段就带动当地 563 户 1041 名村民每人每年增收 6000 元以上，其中脱贫户和监测户共计 125 户 274 人。在播种的 25 天时间里，参与播种的村民平均每户增收 12500 元。截至 2023 年 1 月末，北京中藜高科有限公司已确定产业深精加工厂、产品生产线选址，并正在制定具体操作规划与流程，切实将藜麦全产业链落户翁旗。

（四）存在的困难及破解思路

思想认识不到位。部分干部特别是嘎查村干部对"三变"改革和"三位一体"体系建设的重视程度和精力投入不够，有的群众对政策实施还有顾虑。

破解思路：一是加大政策宣传力度，通过党员干部包村、包组、包户，做通群众思想工作，把"三变"改革和"三位一体"体系建设的政策利好讲清讲透，提升党员干部、群众党员和村民群众的思想认识。二是组织东西部嘎查村结对子拉练观摩，让群众走出去开阔眼界、解放思想。三是建立信用体系，通过设立周转资金、风险补偿金等方式提供资金保障，保障群众利益，消除群众的后顾之忧。

农村土地流转进展慢。集体经营性建设用地入市少，部分地区耕地规模小、分布散，难以形成规模效益。

破解思路：一是推进城乡特别是农村集体建设用地增减挂钩，盘活农村闲置土地，用好用活指标，增加集体经济收入。二是提升精细化管理意识，实施分类施策，对于特别零散的耕地，在政策允许的前提下，探索调整为林地或草地，保证耕地数量，为生态环境保护作出贡献。三是鼓励异地置业，支持嘎查村集体经济组织以入股分红的方式购买产权、投资产业，让部分农业基础设施薄弱、不具备规模化发展产业的地区能够发展产业，壮大嘎查村集体经济，带动群众增收。

"空心村"问题需要进一步破解。农村人口结构失衡，部分嘎查村住房人走屋空。

破解思路：一是深入排查摸底。认真调研全旗"空心村"现状、成因等，把底数摸清、情况摸实。二是实施易地搬迁。对人口较少或不适合耕种的地区，特别是少郎河上游水源地区域，通过集中安置、易地搬迁等方式，解决群众生产生活问题，恢复生态环境。三是推动土地集中流转。对农村闲置土地进行流转、统一经营、入股分红，让在外务工的人员更安心。

（五）建议和意见

一是建议加强统筹谋划。做好顶层设计，结合各旗县区的特色优势和不同情况，采取针对性举措，分类指导，进一步推动产业、人居、文化、治理的统筹发展，实现乡村差异化、特色化发展。

二是建议加大政策支持力度。特别是在土地流转、产业发展等方面给予更多政策、资金上的支持，帮助旗县区破解发展难题，引导农村基层组织因地制宜抓好特色产业，实现可持续发展。

三是建议研究制定系列激励机制。鼓励农牧民群众主动参与产业振兴，鼓励社会资本、金融资本投入乡村振兴，不断探索实施政策、机制，汇聚推动乡村全面振兴的强大合力。

四是建议常态化开展学习培训。组织开展产业发展指导和技术服务培训，定期开展拉练观摩，推动培训课程向基层下沉，让基层党组织书记开阔眼界、增长见识、增强本领，形成比学赶超、互通有无、取长补短、共同发展的浓厚氛围。

## 三、阿鲁科尔沁旗乡村社会治理实践案例

### （一）阿鲁科尔沁旗基本情况

阿鲁科尔沁旗位于内蒙古东部、赤峰市东北部，与通辽市、锡林郭勒盟接壤，总面积 14277 平方千米，下辖 14 个苏木乡镇 2 个街道 245 个嘎查村 12 个社区，总人口 24 万，其中蒙古族人口 12 万人。

截至目前，全旗共有脱贫户 12955 户 30538 人，其中脱贫享受政策 8476 户 17945 人，脱贫不享受政策 4479 户 12593 人。全旗共有监测对象 827 户 1852 人，其中脱贫不稳定户 110 户 254 人，边缘易致贫户 363 户 801 人，突发严重困难户 354 户 797 人。2022 年，全旗农村牧区居民人均可支配收入达到 12958 元，同比增长 11%，建档立卡脱贫人口人均纯收入达到 14273 元。

### （二）工作开展情况

坚决守住不发生规模性返贫底线。全力做好防返贫致贫动态监测和帮扶，将有返贫致贫风险和突发严重困难的农牧户纳入监测范围，累计 1.79 万名脱贫人口、1852 名监测对象和 12.2 万名一般农牧民落实了防贫保险，通过开发公益性岗位安置脱贫人口就地就业 2294 人，返贫致贫风险得到有效化解。不断巩固提升"两不愁三保障"成果，严格落实教育帮扶、健康帮扶政策，强化住房、饮水安全保障，全旗无因贫失学辍学现象发生，符合条件的农牧民全部落实医保参保缴费资助、医疗救助、先诊疗后付费、慢病签约服务等政策，60 户危房改造全部完工，农牧民用水安全得到有效维护。有序推进衔接乡村振兴项目建设，累计投入资金 3.4 亿元，实施乡村振兴项目 72 个，所有项目现已全部完工。全面拓展京蒙帮扶协作，27 个京蒙协作项目有序推进，阿鲁科尔沁旗农畜产品依托北京市场平台销售额达 1441 万元。不断深化中化定点帮扶，累计投入资金 1500 万元实施中化项目 5 个，有力促进了阿鲁科尔沁旗民生和社会事业发展。持续强化扶贫项目资产管理，经核算，2012—2022 年全旗投入各级各类资金 28.5 亿元，形成扶贫项目资产 21.7 亿元。

集中精力推动乡村产业兴旺。全力以赴保证粮食安全，农作物播种面积达到 296.84 万亩，高标准农田达到 54.57 万亩，农机社会化服务面积达到 125 万亩，主要农作物机械化水平达到 82.1%。在农业发展上，全面提升规模化、组织化水平，做大农业发展底盘，市级以上农牧业龙头企业达到 20 家，旗级以上专业合作社、家庭农牧场达到 120 个，合作组织覆盖率达到 60.1%。在畜牧业发展上，持续强化龙头企业带动，大力培植专业养殖嘎查村，不断扩大肉牛、奶牛养殖规模，肉牛产业龙头企业达到 51 家、规模养殖场（户）达到 2129 家、肉牛标准化养殖场达到 80 家，全旗大小畜存栏达到 270 万头（只），其中肉牛 53.1 万头、奶牛 4.9 万头。在推进三大产业融合上，持续加快农牧业工业化进程，草产品、肉食品、杂粮年精深加工能力分别达到 7，10，25 万吨，就地转化率在 65% 以上，成功签约了飞鹤乳业，17 个中小奶牛家庭牧场和奶农合作社升级改造全面推进。同时，依托草原游牧系统全球重要农业文化遗产金字招牌，全力打造阿鲁科尔沁草原游牧文化体验区等旅游品牌，多举措推动产业全面发展。

全面发力推进乡村生态宜居。强力推进生态保护与建设，坚持山水林田湖草沙一体化保护和系统治理，认真落实林（草）长制，严格执行禁牧休牧、草畜平衡等政策，完成营造林 2 万亩、草原修复 10 万亩、围栏封育 3.5 万亩，森林覆盖率、草原平均植被覆盖度分别达到 34.69%、68.3%。高质高效推进中央环保督察群众信访问题整改，39 件信访问题全部整改完成，生态环境领域突出问题得到有效解决。突出抓好乡村污染防治，全面推进农业面源污染整治，加大测土配方施肥、水肥一体化等技术推广力度，农药化肥使用量连续实现负增长，农作物秸秆和畜禽粪污资源化利用率在 82% 以上。深化农村牧区人居环境整治，清理村庄、河湖垃圾 1245.5 吨，11 处高温焚烧站点、4 处污水处理试点项目建设积极推进，2444 户厕所改造工程有序实施。全面推进农业面源污染整治，测土施肥推广面积达到 256.2 万亩，农作物秸秆和畜禽粪污资源化利用率在 82% 以上，完成农田地膜回收 38.5 万亩、回收率在 82.7% 以上。

突出重点抓好乡风文明。持续开展铸牢中华民族共同体意识宣传宣讲活动，基层党组织开展专题学习 120 余次，开展文艺演出 100 场（次），各类宣讲队深入嘎查村（社区）宣讲 110 场（次），各类媒体播发工作动态类新闻信息 20 余篇（条），各族群众"三个离不开""五个认同"更加牢固。加大新时代文明时代中心（所、站）建设力度，全旗所有苏木乡镇（街道）、嘎查村（社区）实现新时代文明实践所、站全覆盖，开展群众性主题宣传教育活动 150 场（次）、志愿服务活动 1200 场（次），设置公益广告、宣传展板 4000 余处，文明苏木乡镇 5 个、文明嘎查村 30 个、文明家庭 8 个，文明和谐的农村牧区氛围更加充盈。繁荣发展乡村文化，乌兰牧骑宫、乌兰牧骑剧场等项目建设顺利推进，文化馆、图书馆总分馆机制持续完善，开展"我们的中国梦·文化进万家"宣传演出 36 场（次），群众精神文化生活不断丰富。

精准施策实现治理有效。着力提升基层党组织组织力，标准化规范化党支部达到 455 个、最强党支部达到 227 个，全旗嘎查村年经营性收入在 5 万元以上的占比达 73.5%，党支部凝聚力、战斗力显著增强。着力推进基层治理创新，不断完善社会矛盾综合治理机制。坚决保持农村牧区意识形态领域稳定，严格落实意识形态工作责任制。严厉打击农村牧区违法犯罪活动，常态化开展扫黑除恶斗争。有序实施普法宣传，建成乡村两级法治文化主题广场 8 处，"八五"普法有序推进，农牧民群众法治意识显著提升。

多点发力推动农牧民生活富裕。下大力气增加农牧民收入，各类农牧民工稳岗就业政策全面落实，乡村人才队伍不断壮大，截至 2024 年，农村牧区实现转移就业 4.1 万人，引进各类人才 57 人，培育致富带头人、创业带头人 435 人，有力带动了农牧民致富增收。稳步提升乡村公共服务水平，农村牧区学校生活用房建设工程持续加快，巴彦宝力格卫生院、白城子卫生院、东沙布台卫生院业务用房建设项目有序推进，牧区特困供养服务中心建设项目全面实施，农村牧区幸福互助院达到 37 处、城乡社区老年人日间照料中心达到 8 个、惠及老人 9570 人。深入开展乡村建设行动，4 座农村牧区桥梁新建改造扎实推进，达日罕 66 千伏输变电工程全面实施，嘎查村物流配送站点达到 93 个，5G 基站达到 120 座。突出抓好示范嘎查村、重点帮扶嘎查村和牧区现代化试点村建设，15 个示范嘎查村规划编制完成，向示范村和重点村投入资金 1 亿元、实施项目 26 个，向牧区现代化试点村投入资金 3540 万元、实施项目 10 个，典型引路作用逐步彰显。全力推动"三变"改革，目前选定的 6 个"三变"试点村均已启动"三变"改革试点工作，清产核资完成 67%、合作社组建完成 83%、股权量化完成 30%。稳步推进"三位一体"改革，在 7 个苏木乡镇、130 个行政村试点推进"三位一体"改革工作，打造"三位一体"综合服务平台 7 个，均已完成为农服务有限公司注册登记，各项工作有序开展。

（三）落实市委全会、两会工作精神的思路安排

将坚持以习近平新时代中国特色社会主义思想为指导，深入贯彻党的二十大精神、中央经济工作会议和农村工作会议精神，全面落实自治区、赤峰市安排部署，围绕落实"五大任务"，把巩固拓展脱贫攻坚成果摆在突出重要位置、作为全面推进乡村振兴的底线任务，坚决守住不发生规模性返贫底线。全方位夯实粮食安全根基，实施种业振兴行动，粮食播种面积只增不减。加快建设绿色农畜产品输出基地。因地制宜发展蔬菜、杂粮杂豆、中药材等特色农作物，深入实施奶业振兴行动。实施乡村建设行动，加快完善农村基础设施和公共服务体系，因地制宜推进厕所革命、道路畅通、供水保障、数字乡村等工程。扎实推进农村牧区人居环境整治提升五年行动，完善生活垃圾收运处置体系，常态化开展村庄清洁行动，引导农牧民养成良好卫生习惯。健全乡村治理体系，推行网格化管理、数字化赋能、精细化服务，打造乡村治理示范嘎查村，建设宜居宜业和美乡村。把增加脱贫群众收入作为根本措施，把促进苏木乡镇、嘎查村加快发展作为主攻方向，不断缩小收入差距、发展差距，不断推动全面推进乡村振兴见实效。

（四）工作亮点和首创性做法

1. "三变"改革方面

2022 年 12 月 1 日，召开专题会议对"三变"改革试点工作进行安排部

署，确定了市级"三变"改革试点嘎查村5个（巴彦温都尔苏木毛浩尔嘎查、坤都镇翁根毛都嘎查、绍根镇阿民温都尔嘎查、巴拉奇如德苏木新发村、天山镇前岗台村），跟学试点嘎查村1个（巴彦温都尔苏木塔林花嘎查）。2022年12月8日，举行了"三变"改革试点工作启动仪式。

一是高度重视，精心部署安排。成立了由旗委书记、旗长任双组长，旗委副书记、分管副旗长任副组长，各相关部门主要负责同志为成员的"三变"改革促乡村振兴试点工作领导小组，旗乡村三级分别成立了"三变"改革试点工作专班，试点嘎查村均制订了工作方案，明确了发展思路、工作目标、重点任务，为深化"三变"改革奠定基础。

二是快速推进，夯实改革基础。从改革试点村集体经营性资产清产核资入手，摸清家底，目前6个试点嘎查村清产核资工作全部完成。以试点嘎查村界定人员身份为重点，分四类人员（一类有土地承包权、户口在本村、年满16周岁；二类户口在本村、年满16周岁；三类有土地承包权、年满16周岁；四类有土地承包权、户口在本村）进行起底，在此基础上进行股权量化，2024年，6个试点嘎查村股权量化工作均已完成。

三是严格程序，成立五大合作社。充分发挥农牧民主体作用，6个试点嘎查村股东代表、理事、监事推荐工作全部完成，五大合作社章程已报各苏木乡镇审核，均在按程序筹备股东代表大会，确保五大合作社职能职责明确、组织架构健全、权利义务明晰，为合作社健康发展、依法经营打下坚实基础。

四是选准方向，推动强村富民。各试点嘎查村依托自身产业优势、资源禀赋，积极谋划产业项目，推动合作社实质运营。

（1）巴彦温都尔苏木毛浩尔嘎查。土地股份合作社利用夏营地9000亩草场，合理轮牧，提高草场利用率。对1988亩耕地谋划实施高标准农田建设，借助中化MAP技术服务中心技术服务保障，实施土地托管。置业合作社计划建设代化肉牛养殖场2.04万平方米、饲草储备库3200平方米、年加工能力1000吨饲草料加工厂1处，引进承接主体，带动牧民增收。

（2）坤都镇翁根毛都嘎查。土地股份合作社谋划与中化集团合作，开展土地托管经营，目前正在开展现场勘察。置业股份合作社依托集体标准化肉牛养殖基地，引导牧民合作经营，2024年意向加入合作社牧民26户，入股肉牛710头。同时，组织种植大户、农机设备齐全的牧户入社，发展种植、管护、收割、销售一体化饲草料种植。

（3）绍根镇阿民温都尔嘎查。计划将嘎查土地重新规划布局，规划出生产区 17 个，每处生产区规划有耕地 800~1500 亩，饲料地 800~1500 亩，人工草地及划区轮牧 4000~5000 亩，建设集中养殖区 1 处。整合增加耕地归集体经济股份合作社所有，实现"量差"。

（4）巴拉奇如德苏木新发村。围绕土地增减挂项目退出的原 3500 亩宅基地，开展土地复垦整理，实施高标准农田建设，引进企业发展种子培育产业。

（5）天山镇前岗台村。依托千亩大金苗谷子种植基地，带动全村种植户统一种植旱作大金苗谷子，发展订单式种植，提升产值效益，带动农户增收。围绕已成型的农机合作社，积极争取耕作任务，力争实现开门红。

（6）巴彦温都尔苏木塔林花嘎查。依托全球重要农业文化遗产"阿鲁科尔沁草原游牧系统"这张名片，发展乡村旅游产业。

2. "三位一体"改革方面

一是完善体制机制。2022 年 6 月 20 日，旗政府常务会研究并讨论通过了《"三位一体"综合合作组织建设实施方案》，成立以旗长为组长、旗直相关部门为成员单位的领导小组，建立了旗乡村三级党组织联动抓落实的工作领导机制。旗财政局安排"三位一体"综合合作组织建设启动资金 50 万元，用于办公场所装修、设施配备、人员工作经费，全力保障"三位一体"组织体系建设。领导小组于同年 11 月 6 日召开"三位一体"综合合作组织建设调度会，听取进展情况汇报，解决困难问题，安排部署下一步工作。同年 11 月 16 日召开推进会，就公司注册、机构设置、业务开展提出具体要求。组织体系的健全完善为"三位一体"稳步运行提供了基础保障。

二是稳步有序推进。按照"试点先行、总结经验、分期实施、逐步扩面"的原则，在巴彦温都尔苏木、扎嘎斯台镇、坤都镇、巴彦花镇、新民乡、双胜镇、天山口镇 7 个苏木乡镇 130 个行政村试点推进"三位一体"改革工作，打造"三位一体"综合服务平台 7 个，为农服务有限公司注册登记均已完成，下设生产服务部、农资日用品供应服务部、农产品销售服务部、信用服务部 4 个内部机构，各项工作正在有序开展。统一使用"中国供销合作社"标识，股份构成均为乡镇政府占 51%，各嘎查村占股 49%。

三是积极开展业务。试点苏木乡镇以为农服务公司为依托，整合区域内的专业合作社、家庭农牧场、商超、涉农涉牧企业等，通过签订合作协议，统筹开展各项业务。

生产合作业务方面。根据农牧户需求，提供农机作业、疫病防治、饲养管理、饲料加工、配种改良等社会化服务。自试点工作开展以来，"三位一体"

综合服务平台累计销售化肥 400 吨以上，每吨低于市场价 100 元以上，节支 4 万余元；为农牧民代加工饲草料 3000 余吨，出售成品饲料 500 吨，销售兽药 100 余万元，为牧民节省开支 5% 以上；通过全程机械化作业服务，每亩耕种防收全环节可降低生产成本 8% 以上、亩均增产 10%。

供销合作业务方面。围绕农资供应、日用品供应、农产品销售，旗供销社与阿旗宏邦农牧业发展公司合作，集中采购中化化肥、山东农大复合肥 3000 吨，降低成本 5%。在北京市昌平区组织开展了阿旗农产品推介采购活动，带动销售额 800 万元以上；聘请国家一级演员廖京生为阿旗农产品代言，依托阿鲁科尔沁牛肉、小米等国家地标品牌，在抖音、快手等平台进行农副产品线上销售，进一步提升了阿旗优质农产品的知名度。

信用合作业务方面。严格遵循社员制、封闭运行、不对外吸储、不对外放贷等原则，与旗农行、建行进行对接，对 122 个信用村 8000 户信用户开展授信评价，保障农牧业生产贷款需求。

3. 村集体经济方面

一是坚持多方投入，尽最大可能把资金用在壮大集体经济这个刀刃上。积极争取专项资金，抓住中央、自治区扶持发展壮大嘎查村集体经济四年行动这一有利契机，依托资金直接到村、适度规模、管理严格等特点和优势，积极争取这笔资金培育村级小项目，共争取到村项目 37 个，资金 4625 万元。旗委制定专门政策，在脱贫攻坚期，旗委尽全力扶持发展壮大集体经济，整合各级各类资金 1.645 亿元，为 84 个建档立卡贫困嘎查村每个嘎查村落实 100 万元，为 161 个非建档立卡贫困嘎查村每个嘎查村落实 50 万元，用于发展壮大集体经济，每个嘎查村至今仍有稳定分红、稳定收益。深化"党建+金融"融合发展，推进与基层党组织的"双基联动"，制定出台《金融助力乡村振兴工作实施方案》，采取政府贴息、金融降息等措施，推出了"振兴贷""易税贷"等特色信贷产品，累计发放助农兴农惠农贷款 653 户，3.49 亿元，有效激发群众创业致富热情。有效整合各类资金，为了进一步发展壮大嘎查村集体经济，旗委整合涉农涉牧资金、少数民族发展资金、党费奖补、专项扶持资金等各型各类资金投入嘎查村发展壮大产业项目。

二是坚持多元发展，尽一切力量把壮大集体经济与产业发展有机结合。围绕主导产业谋划，围绕全旗四个基地、一个平台、一个目的地的发展定位，谋划壮大集体经济项目。在全旗壮大集体经济项目中，有一半以上为肉牛养殖及关联类项目，助力全旗主导产业，如塔林花牛羊肉、大金苗谷子、新民乡精品肉牛等。结合地区实际发展，按照"一村一品、一乡一业"的发展思路，结合苏木乡镇区位优势及规划定位推动壮大集体经济，构建了苏木乡镇整合资金打捆使用兴地区产业助集体增收、嘎查村集体领办合作组织自主经营、嘎查村集体以其资金资源投入企业入股经营、嘎查村用其资金资源帮带群众合作经营等模式。旗委积极整合各方力量推动集体经济壮大，由旗委组织部牵头，集聚财政局、农牧局、乡村振兴局、发改委等部门，全旗成立了14个党建引领产业发展共同体，通过各级党组织对接需求、提供资源，充分利用成员单位自身优势，畅通购销渠道，提供政策支持，实现资源共享，共同助力产业发展。以"支部牵头、党员带头、群众参与"的形式，积极推进党组织牵头成立国有性质"三农"服务公司、领办创办农牧民合作社，吸纳农牧民入股经营，实现集体经济、农牧民"双增收"。

三是坚持多措并举，各方合力把集体经济管好用好，切实发挥作用。以人才促集体经济发展壮大，全旗各苏木乡镇和嘎查村建立人才储备库，通过旗职教中心、农牧局、科技局、乡村振兴局等单位对致富带头人及村集体经济组织负责人进行有针对性的培训，培育一批乡土人才。以监督促集体经济发展壮大，不定期对各地区集体经济项目进行经常性督促指导，督促项目实施，重点查看项目收益和资金使用情况。以管理促使集体经济发展壮大，制定《赤峰市嘎查村集体资金管理暂行办法》，建立"村账乡管"的财务管理和监督体系，有效防止嘎查村集体资金"不敢用""不会用""违规用"现象发生。严格执行重大财务事项审计和嘎查村干部离任审计，凡嘎查村集体经济重大决策、管理运营、利益分配等均通过"四议两公开"程序进行，确保村级财务管理规范透明，集体资产保值增值。

4. 农牧民专业合作社方面

近年来，农牧民专业合作社快速发展，在发展现代农牧业、促进农牧民增收中发挥了越来越大的作用。

2021年以来，累计在工商部门注册的农牧业专业合作社1454个。其中，国家级示范2家、自治区示范8家、市级示范52家、旗级示范合作社98家。合作社注册成员数达到7570个，合作社带动农牧户6.4万户，覆盖率达到61%。基本覆盖了旗内农牧业主导产业，广泛参与农牧业产业链的各个环节，在引领农牧民发展特色产业，实现规模化、专业化、标准化、品牌化等方面显示出强劲的活力。

在培育新型经营主体的政策下，合作社在管理模式和经营模式上有了很大的改善。例如，赤峰市成茂农民专业合作社通过农业生产托管服务，组织农民开展集中连片农机作业，节约了一家一户的劳动力，大幅降低了农业生产成本。通过深耕深松、统防统治、施用生物有机肥、菌肥、秸秆还田等绿色生产方式，减少了农药化肥使用量，降低了秸秆焚烧、农药使用不当等对环境的污染，生态效益显著，单产和农产品质量不断提高，农民收入持续增加，带动效果较为显著。

5. 土地流转方面

阿鲁科尔沁旗共有集体所有农用地 1800 万亩，其中，耕地 230 万亩，家庭承包耕地 190 万亩，土地流转面积达到 125 万亩，土地流转率在 65% 以上。

在流转目标上，依靠各方面的优势组合，实施耕地规模集约经营，发展优质高产高效农业。在流转方式上，坚持农牧民与业主自主选择。完善土地承包经营权权能，依法保障农民对承包土地的占有、使用、收益等权利。加强土地承包经营权流转管理和服务，建立健全土地承包经营权流转市场，按照依法自愿有偿原则，允许农民以转包、出租、互换、转让、股份合作等形式流转土地承包经营权，发展多种形式的适度规模经营。在坚持和完善家庭联产承包责任制的基础上，发展土地适度规模经营，实现土地经济效益最大化，实现农业现代化，提高农业生产效率。

2022 年 6 月 3 日，赤峰恒德中小企业融资担保有限责任公司、内蒙古阿鲁科尔沁旗农村商业银行股份有限公司在阿鲁科尔沁旗金融和投资促进局协调、天山口镇主导下，创新金融产品及合作模式，推动天山口镇赤峰立杰劳务服务有限公司 758 亩土地 20 年经营权质押，发放流动资金贷款 500 万元，助推天山口镇天喜村土地经营权实现整村流转。该合作模式是农村土地分置后，全市首例农村土地经营权以乡镇为主导、围绕乡镇主导产业展开、实现规范化资本运作的生动实践。

土地流转的四个关键步骤：

一是解决经营权实际价值估算问题。做法是：由天山口镇协调第三方评估公司对赤峰立杰劳务服务有限公司承包的 758 亩土地 20 年经营权进行评估，评估价值为 880 万元。

二是解决贷款主体、额度与用途问题。做法是：由赤峰恒德中小企业融资担保有限责任公司、内蒙古阿鲁科尔沁旗农村商业银行股份有限公司共同实地调查，确定借款主体为赤峰立杰劳务服务有限公司；贷款额度按照质押物评估价折算为 500 万元；用途为发展现代农业，流转土地种植谷子。

三是解决确保贷款回收的方式方法问题。做法是：由天山口镇协调利隆米业、珍珠米业两家镇内现代农业产业化龙头企业秋后订单收购借款方赤峰立杰劳务服务有限公司流转土地所产出的谷子，并以应收价款作为反担保，确保贷款及时收回。

四是解决质押物依法备案、合力保值问题。做法是：由天山口镇协调将质押土地按《中华人民共和国民法典》和国务院《关于完善农村土地所有权承包权经营权分置办法的意见》，向村级、镇级、旗级土地主管部门备案，由土地所有权部门及主管部门监管，经营权质押期内土地经营权不予再流转，实现土地经营权依法质押、质押期内依法保值。

该案例助力赤峰立杰劳务服务有限公司在天山口镇天喜村整体流转土地3915亩，价格不低于每亩1000元标准。取得三项成效：一是提高了农村土地机械化、标准化种植水平；二是提高了农民组织化程度；三是解放了全村劳动力，预计提高劳务收入200万元以上。

土地流转的六条宝贵经验：

一是助推农村土地制度改革在基层落地。该案例深入贯彻了习近平总书记关于完善承包地"三权分置"制度的指示精神，确定了乡镇级政权在农村土地经营权流转中的主导地位，激活了农村土地经营权资本化利用的"一潭春水"。

二是提高种粮大户规模化流转土地的积极性。该案例贯彻了党的十九大报告中科学配置土地资源的要求，益于基层乡镇以产业链需求调整种植结构，最大限度保证了土地经营权"姓农""利农"，益于提高种地大户流转农民土地的积极性，更接地气地为农业适度规模化经营打下良好基础，对于土地利用率、农业劳动生产率的提高具有重要意义。

三是有益于社会资本对现代农业投入的良性循环。该案例中稳定的经营权流转减少了经营主体投资农业活动时的顾虑，稳定了经营主体的农业生产活动，促进农业投入—收益—投入的良性循环。

四是催生了政银企间的密切合作。该案例由担保公司、银行等金融机构充分参与、探索出行之有效的土地经营权、物权质押担保模式，创新了金融产品对现代农业的有效供给，解决了基层乡镇级政府监督农业产业化融资贷款难回收的瓶颈问题，降低了金融风险。

五是助力乡村振兴。该案例围绕乡村组织振兴展开，全程以乡村两级政权为组织引导，提高了农业的机械化程度和农民的组织化程度，解决了城镇化、老龄化后，农业、农村、农民的基本问题，有助于群众更好地分享现代农业链条发展中的"普惠制"，防止土地收益二级分化，有助于实现共同富裕。

六是有力助推现代农业形成完整产业链条。该案例围绕镇级主导产业展开，实现规模化土地经营权流转一头链接种植企业、一头链接加工企业，有力提高了现代农业的就地转化率，有力保障了三产服务业的人力供给，有效推动了第一产业的"接二连三"。

### （五）存在的困难及破解思路

#### 1. "三变"改革方面

一是基础工作不够扎实。目前，各试点嘎查村将主要精力用在了清产核资、人员界定、股权量化上，培育引进经营主体、确定选择发展产业等工作进展相对较慢，成效不够明显。

二是开拓创新意识不足。嘎查村寄希望于将引进企业作为合作社经营的万能钥匙，在支部引领、能人带动等方面作出探讨、探索较少。

三是遗留问题还需处理。比如个别嘎查村存在宅基地面积超标问题，实际使用面积超过证照面积。

下一步，将以此次调研为契机，坚持强村与富民相结合，持续加大"三变"改革力度，推动嘎查村级集体经济向更高层次、更高水平、更高目标迈进。

一是进一步厘清工作思路。按照全旗"三变"改革总体部署安排和市级要求，在原来"5+1"试点的基础上，新增跟学村9个，确保"三变"改革试点工作在全旗全面铺开。坚持政府引导、市场运作、适度规模、平等自愿的原则，切实抓好产业选择、主体培育、风险防控等工作，通过典型示范引领改革。

二是进一步加强产业规划。农区围绕杂粮杂豆、设施农业、特色经济作物等种植，以标准化、产业化、品牌化、智能化为发展方向，推动产业提档升级。牧区按照"生态产业化、产业生态化"的要求，选准选好脱贫产业，着力发展养殖全产业链，推动产业融合发展。

三是进一步强化主体培育。按照"壮大一批、引进一批、培育一批"的思路，支持龙头企业、种养大户、专业合作社做大做强，促进产业转型升级，夯实"三变"改革产业基础。积极推动旗级国有企业承接试点嘎查村产业经营，实现嘎查村集体和群众"双赢"。

四是进一步加大整合资金力度。积极协调财政、农牧、林草、乡村振兴等部门通过整合各类资金，激活放大资金使用效应，加大对农业产业发展、信用担保、风险防控等方面投入，吸引集体资金、农民自筹资金、社会资金、金融资金参与"三变"改革。

2. "三位一体"改革方面

一是思想认识有待进一步提高。部分干部群众误以为"三位一体"综合合作组织是走大集体时期的回头路，没能认识到"三位一体"改革对新时代保障群众根本利益的重要意义。

二是组织体系有待进一步完善。产业发展仍然受限于农业人才匮乏，缺少现代企业职业经理人和会计等专业人才，各类农业经营主体质量不高，制约了合作组织规范发展。

三是信用合作有待进一步完善。信用合作的授信体系尚未建立，互助社的原有优势逐渐弱化，互助社的经营管理水平不高。

下一步，将按照市委、市政府决策部署，将"三位一体"综合合作组织建设发展作为实施乡村振兴战略的基础性工程，深入研究，科学谋划，落实举措，确保各项工作取得新成效。

一是抓好合作组织试点建设。严格按照要求，对标验收细则，进一步健全组织体系，做好农资供应、饲草料供应、牲畜疫病防治、农产品销售和资金保障等工作。计划完成 14 个苏木乡镇"三位一体"综合合作组织建设全覆盖，全旗"三位一体"综合合作组织体系基本形成。

二是强化合作组织为农服务功能。以农牧业增效、农牧民增收为目标，强化综合服务功能，为农牧业生产提供"一体化""保姆式""菜单式"服务，主动对接参与高标准农田建设项目，计划完成土地托管 2 万亩、集中采购出售农资、饲料、兽药等 1 万吨以上。

三是扩展合作组织服务领域。发挥综合合作组织在乡村振兴工作中的职能作用，积极争取项目资金，承接乡村环境整治、耕地深松、黑土地保护性耕作、残膜回收、农机具补贴等各项为农服务项目，进一步增强"三位一体"综合合作组织实力。

3. 村集体经济方面

一是资产盘活较难。农村牧区最多的是土地资源，但土地资源盘活往往受地理位置制约，除个别嘎查村外，集体土地因没有管理机构，作为资产抵押贷款在现行政策下还存在一定障碍。

二是能人培育较难。有能力、会经营、懂管理的人大多外出经商务工，能人回乡发展由于风险大、回报慢，一般热情不高、有顾虑；留守农村牧区的人相对素质不高、思想保守；高校毕业生更愿意留在城市寻找发展机会。

三是产业开发较难。目前，大多数农村牧区仍以发展传统种养业为主，发展休闲、观光等农业新业态除需较好自然资源、交通区位等先天优势外，还要有较强的经济实力、政策支持，培育新的产业模式需要长期开发引导。

下一步，将把发展壮大村集体经济作为推动乡村振兴的动力引擎，持续推进抓党建促基层治理能力提升专项行动，坚持党建带动、要素推动、机制促进，做优做强村集体经济，努力推动全旗村集体经济不断壮大提质。

一是充分发挥村级平台作用，加强资源整合利用。结合"三变"和"三位一体"改革，建立健全资产管理制度，采取自查登记与集中清理详解等方式，对村级集体"三资"进行全面清理建档，用好"三资"清理成果，确保集体资金、资产、资源数量清、归属明。

二是创新发展模式，引入发展人才。深化以赤峰北方民族技工学校为孵化中心、14个苏木乡镇为孵化基地的"1+14"旗乡联动乡土人才培养孵化模式，加强农村牧区实用人才队伍和乡村振兴带头人队伍培育工作。充分发挥"双子星座"战略优势，加强与通辽部分地区、高校院所合作交流，探索实施"人才飞地"行动，柔性引进畜牧兽医、中蒙医药等专业人才到阿鲁科尔沁旗工作，提升嘎查村集体经济建设发展。

三是因地制宜，发展特色产业。以资源为依托，以市场为导向，结合村庄发展优势和特色，找准基础好、潜力大、适合村庄发展的主导产业，对集体经济资源进行综合开发，破除农业单一发展限制，通过产业延链补链，拓展集体经营性收入来源。

4. 农牧民专业合作社方面

一是合作社融资困难，融资成本高。由于合作社拥有的资产都是轻资产，在正规银行不能形成有效抵押，无法获得银行有效支持，大部分合作社融资都源于民间借贷，且年利率在18%～24%，部分合作社能够通过农商银行（原农村信用社）获得一部分借款，借款利率也较高，年利率在14.16%左右。

二是业务范围相对集中在农牧业生产领域。虽然农牧民专业合作社分布在种植、畜牧、农机、渔业、林业等各个产业，但从业务范围看，目前阿鲁科尔沁旗合作社主要从事种植业和养殖业，种植业占35.6%、养殖业占40.9%，这反映出阿鲁科尔沁旗合作社的发展仍以生产合作为主。

三是标准化、品牌化程度不高。阿鲁科尔沁旗合作社主要产品为原材料，缺少专业加工设施，产品的附加值较低，合作社参与农牧业产业化经营和现代农牧业建设的整体水平不高，尚未形成区域品牌产品。

下一步，阿鲁科尔沁旗将继续把培育和发展农牧民专业合作经济组织作为提升农牧业生产、经营、产业水平的重要途径，按照"加快培育一批、积极改造一批、努力规范一批、着力提升一批"的思路，规范提升农牧民专业合作社，全力以赴推动牧业产业提质增效，推动农牧业转型升级。

一是提升产品市场竞争力。积极帮助农牧民专业合作社加快特色农副土特产品申请商标注册和"三品一标"的认证，引导培育具有地域资源优势和特色的农产品申请注册地理标志商标，指导规范网络销售农产品的深加工和包装，提升产品质量、知名度和市场占有率。

二是加强对农民专业合作社运营指导和跟踪服务。积极帮助专业合作社开展农超对接、产销对接，解决农产品销售难问题。农牧和财政部门要加强对农牧民专业合作社的运营指导，指导建立健全公开、规范的财务管理制度，对一些小的没有财务管理人才的合作社，专题出台一些举措，如帮助梳理账目等。农牧部门要定期组织专家对合作社管理人员和技术人员开展专题培训，组织合作社负责人外出参观学习，提高管理能力和技术水平。鼓励发展不同产业类型的嘎查村新型股份合作社，发展"公司+农户+专业合作社"模式，加快构建新型农牧业经营体系，增强合作社经济实力。

三是加大对农民专业合作社的宣传引导。加大对《农民专业合作社法》、合作社的互助、服务、文化，以及社会责任价值的宣传。通过电视、报纸，以及各类新媒体加强对农牧民专业合作社在特色产业培育、社员致富带动、发展模式创新、扶贫领域示范等方面的典型事迹宣传，不断提高合作社的社会认知度，增强其对群众的吸引力、向心力，使农牧民专业合作社成为产业乡村振兴的一支重要力量。

5. "空心村"治理方面

大批有较高文化素质的农牧民，尤其是有文化的青壮年劳动力大量流向城市和转移到非农牧产业，致使当前在家务农人员整体素质偏低。目前，阿鲁科尔沁旗农牧业生产经营主体年龄偏大，45—59周岁从业人员平均占比42.48%，60周岁从业人员平均占比29.56%，44周岁以下的仅占27.96%。农村牧区有文化、懂技术、会管理的经营管理人才缺乏，农村牧区发展后继乏人，今后"地由谁来种，生产怎么发展"已成为迫切需要解决的问题。

据统计，阿鲁科尔沁旗存在"空心村"1处，位于乌兰哈达乡西山湾村，村内所有宅基地宗数303宗，宅基地面积527亩，闲置宅基地宗数152宗，闲置宅基地面积168亩，原居住户数303户627人，现居住户123户286口人，宅基地闲置率为50.16%。

下一步，阿鲁科尔沁旗将指导各苏木乡镇严格落实党中央、国务院决策部署，结合乡村振兴战略实施和国土空间规划编制实施，科学合理确定村庄分类和布局，宜建则建、宜融则融、宜保则保，分类分村推进乡村振兴。

一是坚持尊重农民意愿和不损害群众利益原则，科学合理解决一户多宅问题。对于有合法原因的及时予以登记确权；没有合法原因的，只确权一处，多出的房屋不支付拆迁赔款，但在农牧民自愿的情况下，劝导其将多余的宅基地有偿转让或退出以获取收益。

二是切实解决宅基地超占问题，对宅基地超出部分面积，要在土地登记簿和土地权利证书记事栏内注明超过标准的面积数，待后续分户建房，或现有房屋拆迁翻建时，村民让出超占的面积后，重新进行确权登记。此外，还可以通过缴费补偿的方式继续使用宅基地，在和村集体协商一致的情况下，报上级部门批准。

三是坚持把人力资本开发放在重要位置，从培养新型农民入手，抓好招才引智，既要把高素质农村劳动力留在农村，又要引进和造就各种专门人才，促进各种人才投身乡村振兴。

6. 土地流转方面

一是土地流转风险防控机制不健全。农村牧区土地租金价格会随着市场供需结构的变化发生波动，在土地流转期内，土地租金价格的涨落会影响农牧民个体利益，有的农牧民预期价格还会上涨，而不愿意将土地进行流转。

二是土地流转价格机制尚未形成。农村土地承租价格，与土地所处位置、土地肥沃程度、市场供求关系等因素紧密相连，不同地区承租价格会有差异，农牧民不了解土地流转价格信息，导致土地流转不合理、不规范。

三是受人为因素影响。目前，各嘎查村"户在人不在"的情况增多，土地流转意愿是积极的，但土地大多掌握在中间人（经纪人）手中，土地所有者权益被中间人左右，给土地流转造成人为阻碍。

下一步，阿鲁科尔沁旗将加大督促指导力度，力争实现土地规模化流转，因地制宜、因村施策，推动村级产业发展，促进农民致富、集体增收。

一是坚持大稳定小调整的原则，二轮土地承包到期后继续延包，确保土地承包政策相对稳定。由苏木乡镇对辖区内土地、人口变化进行全面摸底排查后综合研判,对二轮承包期内户籍迁出、婚出但户籍未迁出(不在户籍地生活不从事农牧业生产,不归户籍地社会管理范畴)、死亡等的人员的耕地由嘎查村委会收回;对二轮承包期内出生的、户籍迁入、婚入但户籍未迁入(长期在婚入嘎查村居住生活并从事农牧业生产,履行社会责任的)对照第二轮土地承包时的标准分配人口地。

二是对于国土三调中新增的未确权耕地,按照二轮土地承包期到期时人口进行分配,将承包权分配给农牧户,经营权归嘎查村集体所有,集中统一经营。

三是严格规范承包合同,对于违反"合同法""土地承包法"等法律法规和不平等不公正的合同,及时予以纠正或解除,确保农牧民合法权益得到有效保护。

四是建立适应市场经济的土地承包制度,采取因地制宜的土地流转形式、严格土地流转程序、制定土地价格评估标准、强化资金管理,为培育和发展土地资源配置融入市场创造条件。

(六)建议和意见

大力提高农村牧区人口素质。实现乡村振兴关键是实现农牧民富裕,农牧民富裕的关键在于提高农民素质。当前,由于城市对乡村人才的虹吸效应,乡村振兴"缺人"现象尚未根本扭转,农村人才队伍的数量和质量还难以满足乡村振兴的要求。一是举办各类培训班,让农民懂得更多的现代化科学技术及操作能力,尽早脱离生产效率低下的劳作方式。二是加强基层干部素质的培养,选择懂经济、有技术、善管理的基层干部,抓住召开村民大会的时机不定时地对村民进行培训、引领。三是培育新型职业农民,通过学员遴选、资格认定、教育培训和政策扶持,逐渐打造一支爱农业、懂技术和会经营的人才队伍,解决"谁来种地""如何种好地"的问题。

加速推进农村规划。乡村振兴实现村容整洁、产业兴旺,主要还在于乡村的规划。一是规划农牧业产业布局,结合我市农牧业的优质产业(如牛、奶、草等产业),进行连片规划布局,集中发展,形成产业链,打造观光旅游。二是房屋集中规划,根据每个嘎查村每个组进行集中规划,特别是对新建设房屋做到村村有规划,每村形成特色观光小区、民宿小区。三是旅游业的规划,根据我市的旅游资源的分布,合理进行规划,如对北五旗县重点打造夏季度假区，规划好草原旅游集散区。

加速推进土地集中连片工作。一家一户的耕作方式已不适应现代乡村振兴的发展需要，特别是在农村劳动力越来越少的情况下，土地分散不利于农业机械化操作，更不利于社会资本的进入。建立农村土地流转中心和土地流转服务平台，集体土地通过当地政府或村委会统一进行流转，形成集聚、集约化规模流转模式，发展现代农牧业，推进农村牧区产业结构的调整，提高土地的生产能力，带动农牧民增收。

### 四、巴林左旗乡村社会治理实践案例

#### （一）聚力责任落实，高位推动有效衔接工作扎实开展

坚决扛起有效衔接政治责任，统筹各方力量、狠抓工作落实，为巩固拓展脱贫攻坚成果同乡村振兴有效衔接提供有力保障。

一是全面压实党委和政府责任。坚持把巩固拓展脱贫攻坚成果摆在突出位置，全面落实"五级书记抓乡村振兴"工作要求，2022 年组织召开旗委常委会会议、政府常务会议、专题调度会议等各类会议 119 次，高质量制定巩固拓展脱贫攻坚成果同乡村振兴有效衔接"1+39"工作方案体系。组织召开各类学习会议 31 次，重点学习党的二十大精神、习近平总书记关于"三农"工作重要论述和党中央国务院决策部署。全面压实党政主要领导第一责任人职责，深入苏木乡镇街道开展调研 53 次，走访 120 余个行政村，圆满完成年内走访调研本地区至少 30%的脱贫村任务。

二是充分发挥旗委农村牧区工作领导小组作用。成立旗委农村牧区工作领导小组和旗委乡村振兴工作领导小组，2022 年召开会议 9 次，及时全面传达学习习近平总书记重要指示批示精神和上级党委农村牧区工作会议精神，研究推进防返贫动态监测、乡村振兴项目建设等重大事项，审议《巴林左旗巩固拓展脱贫攻坚成果同乡村振兴有效衔接实施方案》等政策文件。领导小组下设"一办六组"，建立健全跨部门协调联动、常态化督导检查、定期问题通报、跟踪督办整改 4 项机制，由行业部门组成 5 个实地政策指导组，实行"月督导、季通报、年考核"制度，每月开展实地评估，按季在领导小组会议通报问题，将巩固拓展脱贫攻坚成果同乡村振兴有效衔接工作落实情况纳入各地区各部门年终实绩考核内容，科学设置赋分权重，树立鲜明考核导向，有力保障了党中央国务院决策部署落地落实。

三是着力夯实行业部门责任。明确各行业部门年度目标、重点工作、重点项目，建立月调度工作机制，将行业部门负责同志的巩固拓展脱贫攻坚成果同乡村振兴有效衔接工作纳入个人年度考核体系，确保各项工作要求落实到位。强化部门帮扶责任落实，实施"旗级领导包苏木乡镇、旗直部门包嘎查村"全覆盖工作模式，推动行业部门与包联嘎查村责任捆绑，通过每季度至少开展1次走访，帮助包联嘎查村协调资源、争取项目、解决困难，实现一线工作高效开展。

四是压紧压实驻村帮扶责任。全面落实文件精神，择优选派政治素质好、工作能力强、热爱农村牧区的驻村干部356人，推动重点和示范嘎查村驻村工作人员全部达到3人。对全旗驻村干部累计开展15轮次全覆盖培训，成立三部门联合督查小组，倒逼驻村干部责任落实，年初以来，提拔任用基层一线干部22名，对26名不适宜继续驻村的工作队员进行及时调整撤换。

（二）聚力政策落实，坚决守住不发生规模性返贫底线

一是积极承接国家重点帮扶县倾斜支持政策。结合实际针对性出台承接方案，明确具体落实措施。在资金支持方面，牢牢把握入列国家乡村振兴重点帮扶契机，充分整合中央16项及自治区12项涉农涉牧资金，加快衔接资金支出进度，资金投入继续保持平稳增长态势。在项目支持方面，年内实施产业发展、基础设施建设、人居环境整治、巩固脱贫攻坚成果、社会事业等五方面项目348个。在用地支持方面，全面落实每年600亩新增建设用地指标政策，有力保障十三敖包镇镇区生活污水处理及配套管网工程、三山乡中药材产业园区、国道305线林东至下伙房段公路工程等基础设施和民生工程用地。与广东省建设用地增加挂钩跨省调剂631亩，获得收益1.89亿元。

二是切实巩固"三保障"及饮水安全成果。在教育帮扶方面。全面落实控辍保学"双线四包"工作机制，巴林左旗119名残疾和重病儿童全部实现每月送教上门服务，全旗义务教育阶段无因贫辍学学生。全面落实农村家庭经济困难学生助学金政策，惠及9503人，资助资金1181.9万元。全面落实贫困学生生活补助和营养改善计划政策，惠及24719人次，资助资金1562万元。在健康帮扶方面。2022年慢性病贫困患者签约37493人，农村牧区低保对象、特困人员和易返贫致贫人口家庭医生签约服务实现应签尽签；贫困患者住院享受医保倾斜政策，旗内2家县级医院及23家基层医疗机构持续执行"先诊疗后付费"政策。坚持推动乡村医疗"空白点"动态清零，旗镇村三级医疗机

构达到 175 个，乡村医生达到 326 名，实现苏木乡镇街道、嘎查村社区全覆盖。在医疗保障方面。全旗"六类"群体 52538 人已全部参保并落实缴费减免政策。充分发挥医疗救助托底保障作用，对特困、低保、返贫致贫人口、脱贫不稳定人员、边缘易致贫人员和突发严重困难户分类落实门诊慢性病和住院报销待遇保障措施。2022 年累计医疗救助 18119 人次 1565 万元。在住房保障方面。采取"村排查、镇核实上报、旗复核认定"三级联动方式对全旗农村牧区房屋开展全面摸底排查，2022 年共投入资金 495 万元，完成农村牧区危房改造 144 户，已全部通过三级验收。在饮水安全方面。2022 年投入资金 1660 万元实施饮水安全巩固提升工程 32 处，对全旗各嘎查村开展水质检测和饮水安全认定工作，设立嘎查村饮水安全管理员 260 名，开展农村牧区饮水安全状况集中排查 3 轮次，农村牧区饮水水量、水质、用水方便程度和供水保证率全部达标。

三是着力加强困难群众帮扶救助。在就业帮扶方面。2022 年，全旗累计开发公益性岗位 4060 个，其中，设置乡村道路管护、垃圾运输清理、保洁员等公益性岗位 2999 个，落实每人每月公益性岗位补贴 925 元；聘用脱贫人口生态护林员 1061 人，落实每人每年劳务补助 1 万元，实现脱贫劳动力、边缘易致贫及突发严重困难户就近就地就业。强化劳务协作输出，对区外就业务工脱贫人口落实补贴 60 万元，完成转移农村劳动力就业 2186 人，其中脱贫人口 2024 人。扎实开展就业技能培训，累计举办特色食品、电子商务、笤帚苗手编等技能培训班 55 期，培训农牧民 1418 人，其中脱贫劳动力 460 人。在低保救助方面。实施低保解困、特困解安、临时解难、边缘解忧"四位一体"社会救助综合改革，健全完善旗、乡、村三级社会救助网络，将 5488 名低保边缘家庭中的重病患者、重度残疾人等特殊困难人员参照"单人户"纳入低保范围，全旗共认定农村牧区低保对象 20196 户 31818 人，累计发放低保金 1.2 亿元，其中，脱贫户享受低保政策 12376 户 19842 人，占总数的 62.36%，实现"应保尽保、应兜尽兜"。同时，持续优化低保渐退期政策，分类分档实施低保渐退 342 人。

四是切实做大做强主导和特色产业。按照"肉牛、肉驴、笤帚苗三业主导，特色产业多元驱动"发展思路，大力推进 4 个农牧业现代化示范园区建设，着力构建富农强农产业体系。不断壮大肉牛产业：全面优化肉牛"两带两区"产业布局，按照"一核、两翼、八区"思路，总投资 20.7 亿元打造现代牛产业高质量发展科技示范园区，制定出台《巴林左旗 2022 年肉牛产业发展扶持意见》14 条"硬核政策"，推动全旗 16 个村实施"托养代繁"800 户，新发放"金牛贷"2.56 亿元，新购入基础母牛超过 5.2 万头，全旗肉牛饲养总量达到 30 万头，产值达 14 亿元。大力发展肉驴产业：出台《巴林左旗 2022 年农牧业特色产业发展扶持意见》，围绕打造富河肉驴产业示范强镇，全力推动总投资 3.5 亿元的现代肉驴产业示范园区建设，推进中金鸿智联合体盘活天龙屠宰加工生产线，建成投用鸿智 3000 头标准化肉驴养殖场，发展肉驴养殖专业村 6 个，全旗肉驴饲养总量达到 10 万头，产值约 4.8 亿元。持续发展笤帚苗产业：巩固笤帚苗"一带三区"产业布局，新建笤帚苗种质资源创新中心，开展地方特色种植保险 11.6 万亩，培育形成种植面积 20 万亩、年绑扎大笤帚约 1000 万把（件）、精品笤帚约 100 万把（件）、全产业链产值 5 亿元的笤帚苗产业。因地制宜发展特色产业：出台特色产业倾斜支持政策，全旗新增设施农业面积 2000 亩，总生产面积达到 5.1 万亩；新增中药材种植面积 4000 亩，总面积达到 4.2 万亩，三山乡（苍术）成功入选全国"一村一品"示范村镇；杂粮豆种植面积达到 56 万亩。

（三）聚力工作落实，接续推进乡村全面振兴

一是加强防止返贫动态监测和帮扶。坚持把不发生规模性返贫作为底线任务，优化防返贫监测预警机制，切实做到早发现、早干预、早处置。扎实开展防返贫监测集中排查。将监测对象监测收入标准由家庭年人均纯收入 6000 元调整至 6600 元。在对脱贫户、监测户和 13 类重点对象开展集中监测的基础上，2022 年分别于 5 月、10 月开展 2 轮次全覆盖集中排查，及时将 667 户 1423 人纳入监测范围。着力优化完善监测机制。创新旗乡村组"四级联动"常态化排查机制，采取"自下而上"申报与"自上而下"排查相结合的方式，在农牧户自行申报、行业部门大数据信息预警的基础上，实行"周调度零报告"制度，通过驻村工作队入户核实、分析研判，将 119 户 252 名符合条件的农牧户按照程序纳入监测范围。精准落实帮扶举措。定期开展监测数据评估清洗，及时核实更新疑点数据，确保"机账实"一致。实行帮扶责任人负责制，因人因户落实帮扶举措。对于有劳动能力监测对象，通过技能培训、劳务协作、公益性岗安置等措施，累计帮扶 1891 户 3760 人；对于无劳动能力监测对象，落实低保、医疗、养老保险和特困人员救助供养等社会保障措施，累计帮扶 558 户 1134 人，易返贫致贫户消除风险率达到 43.2%。

二是强化易地扶贫搬迁后续帮扶。全旗共有 12 个易地扶贫搬迁集中安置

点，其中 11 个为原村安置，基础设施完备，教育、医疗、社保等与原村村民同等待遇；1 个外村安置的上京食用菌产业园，由林东镇成立产业园党支部对园区进行管理，提供基本社区和公共服务。全旗易地扶贫搬迁集中安置点全部落实食用菌、肉牛、肉驴、光伏等后续产业项目，并通过设立公益岗、资产收益等多种形式增加收入来源。同时，2022 年争取后续产业资金 2500 万元，实施后续产业项目 2 个，实现搬迁户年人均增收 500 元。

三是发展特色产业助力联农带农。以壮大县域经济为主攻方向，用发展的办法持续巩固拓展脱贫攻坚成果，不断密切联农带农机制，帮助群众持续稳定增收。加快产业项目实施。2022 年全旗用于产业发展资金 3.71 亿元，通过发展肉牛、肉驴、笤帚苗等主导产业和杂粮豆、中药材等特色产业，将 8 万名农牧民牢牢吸附在产业链上，带动 8374 户脱贫人口实现年人均增收 3000 元以上。有序发放小额贷款。对于有贷款需求的脱贫户、边缘易致贫户及其他监测对象应贷尽贷，2022 年共发放脱贫小额信贷 2537 户 1.12 亿元，旗财政共贴息 471.82 万元。强化产业服务水平。在肉牛产业方面积极推广"专业村+养殖小区"和"专业村+家庭牧场"养殖模式，完善旗乡村三级肉牛产业综合服务体系，面向群众提供防疫、改良、诊疗、金融、保险、培训"六项服务"，通过政策激励和引导，产业链吸附农牧户 2.3 万人，带动 2026 户脱贫户实现年均增收 6000 元以上。

四是规范开展扶贫资产后续管理。全面摸清扶贫资产底数。建立旗乡村三级扶贫资产管理"三本账"，核查登记存量扶贫资产 19.65 亿元，占全旗扶贫资金投入的 61.18%。其中，旗级资产 112 个、规模 6.93 亿元，乡级资产 59 个、规模 1.45 亿元，村级资产 1235 个、规模 6.81 亿元，户级资产 1455 个、规模 4.46 亿元。制定扶贫项目资产后续运营管理办法，定期组织开展经营性风险排查，构建产业扶贫长效发展机制。规范收益分配使用。坚持"先缴存后使用"原则，对资产收益资金进行分配使用。2021—2022 年，全旗三级扶贫项目资产共收取收益 4483.52 万元，其中集体资产收益 1015.49 万元，乡本级国有资产收益 764.45 万元，旗级国有资产收益 2703.58 万元。旗级扶贫项目资产收益金全部用于公益岗补贴、脱贫人口兜底保障和小型公益设施等，累计 1.9 万人获益。

五是全力推进乡村建设。全面安排部署乡村建设行动，按照"以点带面、梯次推进、示范引领"原则，聘请中国乡建院、建峰农道等国家级村庄规划设计团队打造 11 个乡村振兴示范村，累计投入 1.98 亿元，实施项目 105 个，同步完成 137 个村庄规划编制工作。整流域推进沿线"五镇二乡一苏木"产业发展、乡村建设和环境治理。扎实开展人居环境整治专项行动，年内建成堆肥中心 22 处、垃圾填埋场 28 处、公共卫生厕所 19 座，全旗 166 个行政村全部建立"户集村收乡（村）转运"垃圾长效处置体系。扎实开展"厕所革命"，组织相关部门对改厕户开展摸底排查，493 户问题厕所全部完成整改。

六是全面提升乡村治理水平。不断夯实基层党组织建设，选优配强嘎查村两委班子，在优秀嘎查村社区党组织书记中选聘事业编制人员 5 人。创新实施"头雁提能"工程，分级推进乡镇"一线争星比武"、旗级"擂台晒绩比武"，强化结果运用，打造"最强党支部"示范点 22 个，基层党组织规范化和"最强党支部"创建率分别达 88% 和 54%。切实加强精神文明建设，打造"1+13+184+N"新时代文明实践矩阵，构建"1+8+N"志愿服务体系，修订完善村规民约，健全"四会"组织，引导农牧民改变陈规陋习、树立文明新风。积极创新基层治理方式，创新推行矛盾纠纷"五级调处"机制，组建 9 大领域矛盾纠纷化解专班，大力推广"数字化+网格化"治理模式。出台《巴林左旗开展组建强村公司试点工作的指导意见》，引导基层党组织领办强村公司 28 家，全年强村公司创收 120.3 万元，带动相关嘎查村集体经济收入达到 12 万元以上，同比增长 16.4%。

七是多措并举落实低收入人口帮扶。加强监测预警。开展低收入人口动态监测和常态化救助帮扶试点，全旗纳入自治区低保平台低收入人口 37701 人。精准救助帮扶，分层分类制定 13 大类救助措施。

（四）聚力成效巩固，用心用情做好有效衔接

一是全面实现群众收入稳定增长。2021 年全旗农村牧区常住居民人均可支配收入 13808 万元，增速 11.6%，高于自治区（10.7%）0.9 个百分点，高于全国（10.5%）1.1 个百分点。2022 年脱贫户收入来源较稳定，其中脱贫人口人均工资性收入为 4535 元，较 2021 年增长 284 元；生产经营性净收入为 6286 元，较 2021 年增长 736 元；人均转移性收入为 4672 元，较 2021 年增长 621 元。

二是确保脱贫户、监测对象"三保障"和饮水安全。2022 年深入开展摸排整改提升专项行动，对全旗 3.5 万名脱贫人口和监测对象开展全覆盖摸底排查，建立旗、乡、村三级动态监测台账，全旗义务教育阶段适龄儿童因家庭困难失学辍学问题"零"发生，基本医疗、住房安全、饮水安全均有保障，无

因"三保障"和饮水安全刚性支出骤增影响农牧户基本生活的问题，未出现整乡整村规模性返贫或致贫风险。

三是千方百计提升群众认可度。各帮扶单位累计筹集资金114万元，进一步丰富"爱心超市"货品种类，通过积分兑换等方式，有效激发群众内生动力。"三保障"及安全饮水、兜底保障等领域责任部门不断加大宣传力度，向农牧民群众发放政策"一口清"宣传单45万份，以通俗易懂的方式让群众熟知政策，使群众明白惠从何来、惠在何处。密切关注群众收支。建立科学的动态监测机制，对于新识别监测对象及时确定帮扶人，按照有无劳动能力分类制定产业就业、兜底保障措施，有效促进监测对象持续稳定增收。

（五）存在的问题

一是传统农业生产与现代农业对接难。目前，大多数农村牧区传统农牧业生产分散，未能与大市场进行有效对接，农牧产品的附加值不能得到充分提高，产业发展停留在简单繁育上，缺少屠宰加工企业，科技含量低，农产品附加值低、叫得响的"两品一标"产品少。存在农牧业龙头企业培育不足，产业布局较为分散，农牧产品电商销售平台利用率不高等问题。

二是资金技术等要素支撑力不足。部分农村牧区基础设施建设资金投入巨大，资金缺口较大。农村牧区产业的发展提升与需要匹配的专业技术型人才已经形成"剪刀差"，年轻人不愿意来，也留不住，基层农技队伍知识严重老化，年龄结构、专业结构、梯次结构不合理现象普遍，推广新技术的人才尤其缺乏。当前，推进乡村振兴主要还是依靠政府性投资和财政资金直接划拨，撬动社会资本投向乡村振兴工作尚处起步阶段，投入渠道单一、规模较小，在一定程度上影响了乡村振兴重点工作的开展。

## 五、夏家店乡"小积分"推动乡村"大治理"的成功案例

赤峰市委社会工作部成立伊始，为明晰工作方向、厘清工作思路，部班子成员到自治区党委社会工作部对接工作，自治区党委社会工作部提出"要总结提炼现有社会工作典型经验"的工作要求。按照要求，赤峰市委社会工作部高度重视、立即行动，深入乡镇（街道）和嘎查村（社区）开展调研，发现了一批基层叫得响、群众反映好的典型经验做法，值得总结提炼和复制推广。其中，松山区夏家店乡积极创新、优化赋能，探索出"积分网上确认、参与集体分红、获取精神财富、可以祖辈继承"的"积分制"乡村治理新模式，实现

了村民利益、集体利益与社会利益深度融合,用"积分制"构建起社会治理共同体,进一步汇聚了群众力量、提升了治理效能。现将该地推广"积分制"乡村治理的经验做一总结,供决策参考。

(一) 主要做法

夏家店乡"积分制"治理模式,以积分考核管理为主要形式,通过登记、审核、公示、奖惩等各个环节,有效地组织引导村民参与村庄建设、产业培育、文明创建等各项事务,初步构建起共建共治共享的乡村治理新格局。

1. 完善积分体系,量化管理内容

夏家店乡从组建管理团队、发动群众参与和合理制定内容等方面入手,建立"积分制"制度管理体系。一是在"积分制"的组织方面,实现了党的领导"全方位"。两级党组织的强有力领导,是"积分制"治理模式得以有效落实的根本前提。乡级层面,组建夏家店乡村级事务"积分制"管理工作领导小组,统筹指导推进"积分制"工作落地实施;村级层面,组建"积分制"运行领导小组,负责各村"积分制"筹划、积分审核认定及考核考评等各个环节。二是在"积分制"的筹划方面,实现了村民群众"全参与"。建立村民提出建议、党员干部收集、广泛征求意见、提交两委审定的全民参与机制。一年来各村共征集关于修订"积分制"和有利于村集体发展的"金点子"300余条,以村规民约和村民意见为基础,逐步完善积分内容,不断修订实施细则,现已形成操作性好、实效性强的"积分制"方案。三是在"积分制"的内容方面,实现了村级事务"全覆盖"。总积分由基础分、奖励分和处罚分构成。夏家店乡户籍村民均配置基础分,共享村集体分红和其他福利。奖励分平均每村设立 30 项,根据村民在发展建设工作中的参与程度、贡献大小、占用所属山土林地等进行对应的分数量化。处罚分平均每村设立 40 项,结合纪委监委、公安局、司法局等部门提供的信息,对村民违反法律、违背道德、不遵守村规民约等事项进行减分。

2. 健全工作机制,规范积分管理

夏家店乡从严规范各项机制、各个流程,最大限度激发村民自我管理、自我教育、自我服务、自我监督的积极性,让"积分制"真正落地见效。一是明确管理主体。以夏家店乡为责任主体,以村两委为管理主体,在村级"积分制"运行领导小组框架下组建积分评议小组和监督管理小组,建立了积分评议小组初评、监督管理小组监督、两委最终认定、面向村民公示的评分工作机制。二是民主评定积分。由村两委班子提名、村民代表大会选定 3~5 人组成积分评议小组，积分评议小组定期逐户开展检查评比，并根据小组成员平时发现、群众反映、个人申报等评定积分。三是强化运行监督。充分发挥驻村支部书记、群众监督作用，建立村、乡两级监督机制，围绕"积分制"评定全流程进行监督，接受复议申请，核实村民举报，确保评分公平公正。

### 3. 搭建治理平台，推进数字赋能

夏家店乡以提升乡村社会治理现代化水平为目标，以"村级事务管理平台"小程序为依托，以实现实名认证、全员进驻为导向，确保"积分制"公正透明、高效及时。目前，夏家店乡有 7748 户 29120 人入驻村级事务管理平台。一是线上线下相结合，激发内生动力。线下以户为单位建立户文明档案袋，将捐工捐款、好人好事、违规违法行为等进行登记，村民办理日常事务时，以户档案袋内积分为依据，做到办事有依、奖补有据；线上规范平台信息建设，将"三务"公开、村民说事、事务清单等村级事务在平台上进行模块化公开，开设专栏对家庭积分、党员积分、小组积分排名进行公示，以积分透明度提高群众参与度。一年来，三务公开 304 次，解决村民说事 493 件。二是左邻右舍齐上阵，壮大共治力量。以"积分制"为引领，全面加强乡级协调职能，在平台上发布事务清单、行动计划，发挥网格员、志愿者牵头作用，以此带动左邻右舍参与义务劳动，不断壮大乡村治理的共建共治力量。一年来，夏家店乡发布"共扫门前雪""学习身边榜样""文明祭祀"等各类活动百余次，群众参与 3 万余人次。三是圈内圈外同促进，营造干事氛围。平台搭载动态分享功能，将严肃的村级事务日常化为村民关注的"朋友圈"。"圈内"调动村民随手拍、随手发，积极融入村级事务；"圈外"融合群众喜爱使用的快手平台和公众号等加强宣传引导。一年来，共发布信息 3281 条，浏览量 133 万，点赞量 3.01 万。

### 4. 强化积分运用，创新激励举措

夏家店乡按照"立足需要、量力而行、功酬相当"的原则，探索建立"物质激励为基础、精神激励为关键、政治激励为补充"的激励机制，增强积分管理的"含金量"和吸引力。一是因地制宜巧用物质激励。针对各村自然资源、发展能力方面的差异，探索形成"公司+投资商+村委+农户"的利益联结分配机制和"积分制"分红机制，既解决了"积"的问题，也找到了"分"的方法。此外，为激发村民参与积分的积极性，积分实行累积使用，奖励之后不清零、不作废，终身有效、可以继承，切实让德者有得。2023 年，夏家店

乡共产生积分 9852 分，17 个村共产生分红户 657 户，全乡分得集体经济营业收入 9 万元。2024 年预计产生积分 7 万分，分红户 5000 户，分得集体经济营业收入 20 万元。二是因势利导活用精神激励。将家庭平均积分在全村排名靠前的，由乡、村予以公开表扬，并在"五好家庭""道德模范"等评优表彰活动中优先考虑，以群众看得见、摸得着、想得到的实际激励，激发大众参与热情，焕发积分活力。三是因事施策善用政治激励。积分结果与评先选优、政治待遇挂钩，对于积分排名靠前的个人，优先考虑本人或其家庭成员入党，对于干部和党员，积分情况作为年终考核的重要依据，优先考虑列为村民组长、村"两委"后备干部人选，优先推荐为"两代一委"。

（二）工作成效

从夏家店乡的实践来看，"积分制"在激发群众参与治理内生动力、助推乡村振兴重点工作、信访问题源头化解、提高乡村治理效能等方面取得了显著成效，对乡村振兴和乡村治理现代化发挥了重要作用。

坚持听民声，激发群众参与基层治理内生动力。夏家店乡坚持党建引领"积分制"治理，鼓励村民使用线上村级事务平台、主动参与数字化乡村治理，做到了村民呼声"事事有回音、件件有回应"，实现了"数据多跑路、群众少跑腿"，群众主体地位得到进一步凸显，党群关系更加密切，干群关系更加融洽。当前，夏家店乡村民参与共治的热情空前高涨，参与乡村共建的动力十分强劲。

坚持汇民智，乡村振兴重点工作取得新成效。夏家店乡通过建立"积分制"、搭建村级事务管理平台，将乡村治理与发展乡村产业、开展农村人居环境整治、推进基础设施建设、保护生态环境、塑造文明乡风、扶贫济困等乡村振兴的重点任务有机结合，激励各村党组织对村庄发展进行规划，激励村民为乡村各项事业发展提供智慧和力量支撑，最终得出基层治理方案，打造夏家店样板。

坚持解民忧，信访问题得到源头化解。随着乡村经济的快速发展、各种利益关系的调整，信访矛盾易发多发。夏家店乡聚焦群众"急难愁盼"、办好百姓"关键小事"，各村制订符合本村发展实际的"积分制"方案，通过"积分制"内容的正面激励和反向约束，实现了小事不出村、大事不出乡、矛盾不上交，各项情况问题就地解决，信访问题得到源头化解。2023 年夏家店乡信访满意率、参评率和初次信访化解率均为 100%，全年未发生集体越级访、进京访事项。

坚持办民事，乡村治理效能得到有效提升。夏家店乡建立乡村规划建设管理的利益链接机制，使乡村基层治理由"任务命令"转为"激励引导"，一年来解决群众关心关注的急难愁盼问题 1000 多件，有效调动了群众参与乡村治理的积极性、主动性和创造性，切实提升了治理效能。

（三）经验启示

通过一段时间的实践探索，夏家店乡"积分制"乡村治理模式发展得较为成熟，一些经验可以在产业基础好、发展潜力大的城市近郊乡镇进行推广，具体有以下几点启示。

推进"积分制"乡村治理工作，必须强化党建引领。坚持把加强党的领导和党的建设摆在首位，发挥党组织组织群众、宣传群众、凝聚群众、服务群众的职责，在组织实施"积分制"中，对积分内容、评价方式、结果运用等各个环节把关，让"积分制"充分体现党的主张、贯彻党的决定，保障"积分制"沿着正确的方向推进、规范有序开展。

推进"积分制"乡村治理工作，必须坚持群众主体地位。不少乡村管理难，主要原因是群众长期游离在乡村事务之外，公共意识普遍比较淡薄。推进"积分制"管理模式，可以有效解决难以由"为民做主"到"让民做主"的问题，实现积分内容群众定、积分方式群众议、积分结果群众评，确保了群众的参与权，推动了乡村治理由"村里事"变"家家事"。

推进"积分制"乡村治理工作，必须重视产业发展。产业发展是"积分制"实施的经济保障。夏家店乡依托地域资源优势，发展北虫草、林果等主导产业，全力保障村集体经济收入，基本上可以做到治理资金的自我供给，"积分制"的推行有了资金保障。事实证明，"不能饿着肚子搞建设"，只有持续地"积"，才可能不断地"分"。

推进"积分制"乡村治理工作，必须坚持量身施策。夏家店乡各试点村结合实际，建立符合本村的积分体系，根据村级重点事务确定积分分值，收到了明显的效果。农村地区在资源禀赋、经济发展、社会状况、风俗文化及基层组织治理能力方面，都存在较大差异，在推广过程中，不能简单套用、照搬复制，必须结合当地实际，综合考虑当地经济社会发展状况等诸多方面的因素和条件，采取适宜的管理方式和机制手段，切实有效发挥"积分制"的功能作用。

## 第二节 新时代乡村社会治理的未来展望

### 一、加强顶层设计与基层探索相结合

（一）完善乡村社会治理的顶层设计和战略规划

1. 明确顶层设计的指导思想和原则

在推进乡村社会治理体系和治理能力现代化的进程中，明确顶层设计的指导思想和原则至关重要。这些思想和原则是制定和实施乡村社会治理战略规划的基石，为乡村社会治理提供了方向和指引。

坚持以人民为中心的发展思想是乡村社会治理顶层设计的核心。人民是历史的创造者，是决定党和国家前途命运的根本力量。在乡村社会治理中，必须始终把人民放在心中最高位置，以人民的需求和利益为出发点和落脚点。这意味着在乡村社会治理的各个环节，都要充分考虑村民的意愿和诉求，确保治理措施符合村民的期望和利益。通过深入了解村民的生活状况、发展需求和面临的问题，可以更加精准地制定治理策略，提升村民的获得感、幸福感和安全感。

坚持法治原则是乡村社会治理顶层设计的重要保障。法治是国家治理体系和治理能力现代化的重要标志。在乡村社会治理中，必须严格遵守宪法和法律，确保各项治理活动在法治的轨道上进行。这要求加强法治宣传教育，提高村民的法治意识和法律素养，引导他们依法表达诉求、维护权益。同时，政府部门和工作人员也要增强法治观念，依法行政、依法决策，维护社会公平正义。

坚持科学规划是乡村社会治理顶层设计的基本要求。科学规划是确保乡村社会治理具有前瞻性和可操作性的关键。在制定乡村社会治理战略规划时，要充分考虑经济社会发展的趋势和乡村社会的特点，结合实际情况进行科学分析和预测。通过明确目标、任务和时间表，可以确保乡村社会治理工作有序推进，实现预期目标。

2. 制定全面的乡村社会治理战略规划

为了全面提升乡村社会治理的效能，推动乡村社会的和谐稳定发展，必须

制定全面的乡村社会治理战略规划。这一规划不仅应明确目标和任务，更应关注实施路径和时间表，以确保各项治理工作的有序推进。

需要清晰界定乡村社会治理的目标和任务。这包括提高乡村社会治理的法治化、科学化、专业化水平，构建和谐社会关系，增强乡村社会的凝聚力和向心力等。在实现这些目标的过程中，我们应注重保障和改善民生，提升公共服务水平，加强基础设施建设，推动乡村经济的持续发展。

确定治理的重点领域和关键环节至关重要。针对当前乡村社会治理中存在的突出问题（如贫富差距、教育医疗资源不均衡、环境保护等），应制定具体的治理策略和措施。例如，通过完善社会保障体系、推动教育资源公平分配、加大环境保护法规的执行力度等，逐步解决这些问题，实现乡村社会的全面进步。

规划实施路径和时间表是确保战略规划落地的关键。应根据不同地区的实际情况，制定差异化的实施策略，明确各阶段的任务和时间节点。同时，加强监督和评估工作，确保各项治理措施得到有效执行，及时调整和优化战略规划，以适应乡村社会发展的新需求和新挑战。

此外，战略规划要与国家乡村振兴战略相衔接。乡村社会治理作为乡村振兴战略的重要组成部分，必须与之保持高度一致。要将乡村社会治理的战略规划融入乡村振兴战略的大局中，形成政策合力，共同推动乡村社会的全面振兴。

3. 构建协调高效的乡村社会治理机制

在乡村社会治理的顶层设计中，构建协调高效的治理机制至关重要。这一机制的建立旨在确保各方力量能够有效协同，形成乡村社会治理的合力，从而提升治理效能，促进乡村社会的和谐与繁荣。

建立健全党委领导、政府负责、社会协同、公众参与、法治保障的社会治理体制是核心。这一体制明确了乡村社会治理的主体责任和协同方式。党委领导确保治理方向正确，政府负责具体执行和资源配置，社会协同则强调多元主体的参与和合作，公众参与体现了民主决策和民主监督，法治保障则为整个治理过程提供了法律依据和约束。

在这一体制下，需要进一步明确各方的职责边界。党委应发挥领导核心作用，制定乡村社会治理的大政方针；政府要切实履行公共服务、社会管理和环境保护等职能；社会组织应积极参与社会治理，发挥其专业性和灵活性优势；公众则要通过各种渠道参与治理过程，表达诉求和监督政府行为。

完善乡村社会治理的法律法规是构建高效治理机制的重要保障。法律法规不仅为治理行为提供了依据，也约束了治理主体的行为边界。应加快制定和完善与乡村社会治理相关的法律法规，确保各项治理活动在法治轨道上运行。同时，加强法律法规的宣传教育，提高乡村居民的法治意识和依法维权能力。

为了构建协调高效的乡村社会治理机制，还需要加强信息化建设，提升治理的智能化水平。通过利用现代信息技术手段（如大数据、云计算等），可以实现信息共享、流程优化和决策支持等功能，从而提高治理效率和响应速度。

（二）鼓励基层创新，形成可复制推广的治理经验

1. 激发基层创新的活力和动力

在乡村社会治理进程中，基层创新扮演着至关重要的角色。基层作为乡村社会治理的基石，其活力和动力直接影响治理的效果和质量。因此，需要通过多种方式激发基层创新的活力和动力，为乡村社会治理注入源源不断的创新力量。

建立健全激励机制是激发基层创新活力和动力的关键。这需要通过设立创新奖励基金、开展创新竞赛等方式，为基层单位和人员提供展示才能的舞台，并给予相应的物质和精神奖励。这种激励机制能够充分认可基层的创新成果，进而激发其继续探索和创新的热情。同时，可以将创新与个人职业发展、晋升机会等挂钩，进一步增强基层人员创新的积极性。

加强对基层创新的支持和指导也是必不可少的。基层单位在创新过程中往往会遇到资源、技术等方面的困难。因此，需要通过提供必要的资源和条件保障（如资金支持、技术指导等），帮助基层单位克服这些困难，推动创新的顺利进行。此外，还可以组织专家团队对基层创新进行定期评估和指导，确保其创新方向正确、方法科学。

营造良好的创新氛围也是激发基层创新活力和动力的重要因素。这需要鼓励基层单位之间开展交流与合作，共同分享创新经验和成果。同时，要倡导开放、包容的创新理念，允许失败、宽容失败，为基层创新提供宽松的环境。

2. 及时总结和提炼基层创新经验

在乡村社会治理的实践中，基层创新经验是宝贵的财富。这些经验不仅反映了基层单位和人员的智慧和努力，也为其他地区提供了有益的借鉴和参考。因此，及时总结和提炼基层创新经验显得尤为重要。

建立完善的经验总结机制。这意味着要定期组织基层单位开展经验交流活

动，让成功的创新实践者分享经验和教训。通过这些活动，可以深入了解基层创新的具体做法、遇到的问题及解决策略，从而为其他地区提供有价值的参考。

在提炼基层创新经验的过程中，要注重经验的可复制性和推广价值。不是所有的创新经验都适合在其他地区推广，因此，需要对经验进行细致的筛选和评估。要深入分析创新经验的内在逻辑和实施条件，确保其具有普适性和可操作性。

关注创新经验的可持续性。一些创新经验可能在短期内取得显著成效，但长期来看可能并不具备可持续性。因此，在提炼经验时，需要充分考虑其长期效益和可能面临的挑战，以确保推广的经验能够在不同地区和不同时间段内持续发挥作用。

及时总结和提炼基层创新经验还需要保持开放和学习的态度。乡村社会治理是一个不断发展和变化的过程，新的创新实践会不断涌现。需要时刻保持敏锐的观察力和学习力，及时发现和总结新的创新经验，以推动乡村社会治理水平的持续提升。

### 3. 形成可复制推广的治理经验

在激发基层创新活力和及时总结提炼经验的基础上，需要进一步形成可复制推广的治理经验。这些经验不仅应具备普适性、可操作性和可持续性，还应能够为其他地区提供有益的借鉴，以推动整个乡村社会治理水平的提升。

普适性是形成可复制推广经验的重要前提。不同地区、不同文化背景下的乡村社会治理存在诸多差异，因此，需要找到具有普遍适用性的治理经验。这些经验应能够跨越地域、文化等界限，为更广泛的地区提供指导。

可操作性是确保治理经验得以有效实施的关键。治理经验不仅需要理论上可行，更需要在实践中易于操作。这意味着需要提供具体的实施步骤、方法及可能遇到的问题的解决方案，使其他地区能够轻松复制并应用于当地乡村社会治理实践中。

可持续性是评价治理经验是否具有长期价值的重要标准。一些短期内效果显著的治理经验可能在长期内难以持续，因此，需要关注那些能够在不同时间段内持续发挥作用的经验。这些经验应能够适应乡村社会治理的不断变化和发展，为乡村社会的长期稳定和发展提供有力支持。

为了形成可复制推广的治理经验，可以采取以下措施：一是加强跨地区、跨部门的交流与合作，共同研究和总结成功的治理案例；二是建立乡村社会治理经验库，将各地成功的治理经验进行归类整理，方便其他地区查询和借鉴；三是开展乡村社会治理培训课程和研讨会，提高基层单位和人员对成功治理经验的认识和应用能力。

需要强调的是，形成可复制推广的治理经验并不是一蹴而就的。这需要持续不断地关注乡村社会治理的最新动态和创新实践，及时调整和完善治理经验库，以确保其始终保持与时俱进的状态。同时，要鼓励更多的地区积极参与到治理经验的总结和分享中来，共同推动乡村社会治理水平的全面提升。

## 二、构建共建共治共享的乡村社会治理格局

### （一）强化政府、市场、社会等多元主体的协同治理

#### 1. 明确政府、市场、社会的角色定位

在当今社会治理的复杂体系中，政府、市场和社会构成了三大核心主体。这三者在共建共治共享的社会治理格局中各具特色，各有分工，共同推动着社会的和谐发展。

政府作为社会治理的主导者，其角色不可或缺。政府不仅是公共政策的制定者，更是公共服务的提供者和社会秩序的维护者。在政策的制定过程中，政府需要综合考虑各方的利益诉求，确保政策的科学性和公正性。政府还肩负着提供基本公共服务的重任（如教育、医疗、社会保障等），这些都是社会稳定和发展的基石。此外，政府还要对市场和社会进行监管，确保其运行在法治的轨道上，维护社会的公平正义。

市场在社会资源配置中起着决定性的作用。市场通过价格机制、供求关系等经济规律，自发地调节社会资源的分配，使资源能够流向效率更高的领域。在市场经济条件下，企业作为市场的主体，通过竞争和创新，不断推动社会进步和发展。同时，市场也是检验政府政策效果的重要场所，政府的宏观调控政策需要通过市场的反应来验证其有效性。

社会组织和公众是社会治理的重要参与力量。社会组织作为政府与公众之间的桥梁和纽带，能够有效地反映民众的诉求，协调各方面的利益关系，化解社会矛盾。同时，社会组织还能提供专业的社会服务，弥补政府和市场在某些领域的不足。公众则通过参与社会治理的过程实现对政府和市场行为的监督，推动社会治理的民主化和科学化。

#### 2. 建立多元主体协同治理机制

随着社会的不断发展，传统的单一主体治理模式已经难以满足复杂多变的

社会需求。因此，建立政府、市场和社会等多元主体协同治理机制显得尤为重要。这一机制旨在通过信息共享、决策参与、责任分担和利益协调等方式实现各主体之间的有效合作，共同应对社会治理中的挑战。

建立信息共享机制是协同治理的基础。各主体之间应建立起畅通的信息交流渠道，确保信息及时、准确传递。通过信息共享，政府可以更好地了解市场和社会的需求与动态，为科学决策提供依据；企业可以把握政策走向和市场趋势，优化资源配置；社会组织则可以更有效地反映民众诉求，提升服务质量。

决策参与机制是协同治理的关键环节。政府应邀请市场和社会组织代表参与政策制定和执行过程的讨论与决策，充分听取各方意见，确保政策的科学性和民主性。同时，市场和社会组织也应积极参与社会治理，通过提供专业化建议和解决方案，为政府决策提供支持。

责任分担机制是协同治理的重要保障。各主体应明确各自在社会治理中的责任和义务，形成合力共治的局面。政府应承担起公共服务提供和社会秩序维护的主要责任；企业应遵守法律法规，积极履行社会责任；社会组织则应发挥其在反映民众诉求、协调利益关系等方面的独特作用。

利益协调机制是协同治理的核心内容。政府应通过制定合理的税收政策和财政支出计划等方式来平衡各主体之间的利益关系；企业应通过技术创新和产业升级等方式来增强自身竞争力并回馈社会；社会组织则应通过提供专业化服务和参与公益事业等方式来增进社会福利。

3. 加强政府与市场、社会的互动与合作

在当今复杂多变的社会环境中，单一主体难以独自应对各种挑战和问题。因此，加强政府与市场、社会的互动与合作显得尤为重要。这种互动与合作不仅可以形成社会治理的合力，还可以提高公共服务的质量和效率，促进社会公平与和谐。

政府应加强与市场的互动与合作。政府可以通过引入市场机制来优化公共服务的提供方式。例如，通过政府购买服务的方式将部分公共服务项目交给具备专业资质和能力的企业来承担。这样不仅可以提高服务的质量和效率，还可以降低政府的运营成本。同时，政府还可以利用市场机制来推动产业升级和创新发展，为经济增长注入新的活力。

政府应加强与社会的互动与合作。社会组织作为社会治理的重要力量，具有独特的优势和作用。政府应积极培育和发展社会组织，支持他们参与社会治理的各项工作。例如，可以通过提供资金支持、政策扶持等方式来鼓励社会组织在反映民众诉求、协调利益关系、化解社会矛盾等方面发挥更大的作用。同时，政府应加强与社会组织的沟通与协作，共同推动社会治理的创新和发展。

此外，政府还应积极推动市场与社会之间的合作与互动。市场和社会组织在各自擅长的领域具有独特的资源和优势。加强彼此之间的合作与交流可以实现资源共享和优势互补，共同推动社会的进步和发展。例如，企业可以提供资金和技术支持来帮助社会组织提升服务能力和影响力；社会组织则可以利用其广泛的社会网络和影响力来帮助企业更好地了解市场需求和动态，实现互利共赢的局面。

### （二）促进乡村居民积极参与社会治理，实现共享发展

#### 1. 提升乡村居民的社会治理参与意识

在推动社会治理体系和治理能力现代化的过程中，乡村居民的有效参与是不可或缺的一环。然而，受历史、文化、经济等多重因素的影响，乡村居民的社会治理参与意识普遍不高。为了提升他们的参与意识，需要从多个方面入手。

加强宣传教育是提升参与意识的基础。通过广播、电视、报纸、网络等多种媒体渠道，广泛宣传社会治理的相关知识，让乡村居民了解社会治理的内涵、意义以及他们自身在社会治理中的角色和责任。同时，可以组织专题讲座、培训班等活动，邀请专家学者或实践经验丰富的人士进行授课，帮助乡村居民提高对社会治理的认识和理解。

政府和社会组织应积极搭建平台，为乡村居民提供参与社会治理的渠道和机会。例如，可以建立村民议事会、村民监事会等自治组织，让乡村居民能够直接参与到村庄的公共事务决策和管理中来。这些平台不仅能够让乡村居民充分表达自己的意见和诉求，还能增强他们的归属感和责任感。

激发乡村居民的内在动力是提升其参与社会治理意识的关键。可以通过表彰先进、树立典型等方式，激励更多的乡村居民积极参与到社会治理中来，从而增强他们的参与感和主人翁意识。同时，对于积极参与社会治理的乡村居民，政府和社会组织可以给予一定的物质或精神奖励，以此提高他们的参与热情和积极性。

#### 2. 拓宽乡村居民参与社会治理的途径

为了促进乡村居民积极参与社会治理，拓宽他们的参与途径是至关重要的。在传统的社会治理模式中，乡村居民的参与渠道相对有限，这在一定程度

上限制了他们的参与热情和积极性。因此，需要通过创新方式，为乡村居民提供更多元化、更便捷的参与途径。

随着互联网的普及和发展，可以借助微信公众号、App 等在线平台，为乡村居民提供在线参与社会治理的渠道。通过这些平台，乡村居民可以随时随地了解村庄的公共事务信息，提出自己的意见和建议，甚至可以在线投票表决相关事务。这种方式不仅降低了乡村居民的参与成本，还提高了他们的参与效率和便捷性。

此外，还可以尝试建立乡村居民与政府部门、社会组织直接沟通的机制，以便更好地收集和反馈乡村居民的意见和建议。例如，可以定期举办政府部门与乡村居民的座谈会或听证会，让乡村居民能够面对面地向政府部门表达自己的诉求和关切。同时，可以鼓励社会组织深入乡村开展公益活动或项目合作，与乡村居民建立紧密的联系和合作关系。

3. 完善乡村居民参与社会治理的制度和机制

在促进乡村居民积极参与社会治理的过程中，完善相关制度和机制至关重要。这不仅能够保障乡村居民的参与权利，还能提高社会治理的效能和公信力。

建立健全乡村居民参与社会治理的法律制度。通过立法明确乡村居民的参与权利、义务和程序，确保他们的参与行为有法可依、有章可循。同时，加大对违法行为的惩处力度，维护乡村居民参与社会治理的合法权益。

完善乡村居民参与社会治理的机制也十分重要。可以建立多元化的参与机制，包括定期召开村民大会或村民代表大会，让乡村居民能够直接参与到村庄的公共事务决策中来。此外，还可以设立村民意见箱、开通热线电话等，方便乡村居民随时反映问题和提出建议。这些机制的建立能够有效地提高乡村居民的参与度和满意度。

加强监督是完善制度和机制的重要环节。可以建立由村民代表、社会组织等多方组成的监督委员会，对村庄的公共事务进行定期检查和评估。同时，鼓励乡村居民积极行使监督权，对违法违规行为进行举报和投诉。通过加强监督，确保社会治理的公正性和透明度，提高乡村居民的信任度和参与度。

### 三、提升乡村社会治理的专业化与法治化水平

#### （一）加强乡村社会治理人才队伍建设

乡村社会治理是乡村振兴战略的重要组成部分，而人才队伍建设是提升乡

村社会治理能力的关键。随着城乡发展的不断融合，乡村社会治理面临着诸多新挑战，如何构建一支高素质、专业化的社会治理人才队伍成为亟待解决的问题。

1. 培养专业化社会治理人才

为了应对乡村社会治理的新挑战，迫切需要培养一批具备专业知识和实践能力的社会治理人才。这些人才将成为推动乡村社会治理现代化的重要力量。

教育和培训是培养专业化社会治理人才的基础。高等院校和职业培训机构应积极响应国家号召，加强社会治理相关专业的建设和课程设计。通过系统的理论教学和实践训练，培养学生的专业素养和实践能力。同时，应鼓励学生深入乡村实践，了解乡村社会的真实需求和问题，为将来的社会治理工作打下坚实的基础。

对于现有的乡村工作人员，应定期开展专业培训，提升他们的社会治理能力和专业素养。培训内容可以包括社会工作理论、法律法规、心理疏导等多个方面，以确保他们具备全面的社会治理知识和技能。此外，还可以通过组织经验交流会、案例分析会等活动，促进工作人员之间的经验共享和学习成长。

为了激发社会治理人才的工作积极性和创新精神，应建立完善的评价和激励机制。对于在工作中表现突出、有创新思维的人才，应给予充分的肯定和奖励，以此鼓励他们在乡村社会治理中发挥更大的作用。

2. 引进与留住优秀人才

在培养本土人才的同时，应积极引进外部优秀人才，为乡村社会治理注入新的活力和创新力量。

为了吸引优秀人才到乡村工作，应提供具有竞争力的薪酬待遇和良好的工作环境。乡村地区虽然生活和工作条件相对艰苦，但通过提供合理的薪酬待遇和舒适的工作环境，仍然可以吸引一批有志于从事社会治理工作的优秀人才。

应创造良好的发展空间和职业晋升机会，让优秀人才能够在乡村社会治理领域充分发挥自己的才能。这包括提供丰富的实践机会、搭建职业发展平台以及建立公平公正的晋升机制等。通过这些措施，可以让优秀人才在乡村社会治理中实现自我价值，获得职业成长和满足感。

政府和社会各界应共同努力，营造良好的社会氛围和文化环境，让优秀人才在乡村地区感受到归属感和荣誉感。这可以通过加强乡村文化建设、提升乡村整体形象等方式实现。同时，应关注优秀人才的生活需求，提供必要的生活保障和便利设施，让他们能够安心在乡村工作和生活。

### 3. 构建多元化的人才队伍

乡村社会治理涉及多个领域和方面，因此需要构建一支多元化的人才队伍来满足不同领域的需求。这支队伍应包括社会工作专业人才、法律服务人才、心理咨询人才，以及具备其他相关专业背景的人才。

为了整合这些人才资源，可以建立一个人才库或专家咨询团队。通过定期举办交流活动、分享会等方式，促进不同领域人才之间的交流和合作。这样不仅可以提高乡村社会治理的专业性和效率，还能推动各领域之间的融合和创新发展。

同时，应注重培养本土多元化人才。通过选拔和培养当地有志于从事社会治理工作的人员，提高他们的专业素养和能力水平。这样可以增强乡村社会治理的可持续性，促进乡村社会的和谐发展。在培养本土人才的过程中，应注重实践教学和案例分析等方法的应用，以提高他们的实际操作能力和问题解决能力。

### （二）完善乡村社会治理的法律法规体系，推进依法治理

完善乡村社会治理的法律法规体系并推进依法治理是新时代乡村振兴战略中不可或缺的一环。这一举措对于保障乡村社会稳定和谐、促进乡村全面发展具有深远的意义。建立健全法律法规、加强宣传教育及严格执法监督可以夯实乡村社会治理的法治基石，为乡村社会的长治久安提供有力保障。

### 1. 建立健全法律法规体系

建立健全乡村社会治理相关的法律法规体系，是实现依法治村、提升乡村社会治理法治化水平的首要任务。这一体系的完善不仅有助于明确各方权利义务，还能为乡村社会的和谐稳定提供制度保障。

需要加快制定和完善一系列与社会治理息息相关的法律法规。这些法律法规应明确乡村社会治理中各方主体的地位、作用和责任，包括但不限于村民自治组织、政府部门、社会组织和村民个人。在制定过程中，应充分考虑乡村社会的实际情况和发展需求，确保法律法规的针对性和实效性。同时，要注重法律法规之间的协调性和一致性，避免出现法律空白或冲突，从而构建一个系统完备、科学规范、运行有效的乡村社会治理法规体系。

法律法规的内容应涵盖乡村社会治理的各个方面。例如，在村民自治方面，应明确自治组织的设立、职责和运作方式；在环境保护方面，应规定乡村环境的保护标准、污染防治措施和责任追究机制；在公共安全方面，应建立健全乡村公共安全体系，明确安全防范、应急处置等方面的要求。通过这些具体

而全面的规定，为乡村社会治理提供全方位的法律支持。

确保法律法规的有效实施。建立健全执法机构，加强执法队伍建设，提高执法人员的专业素质和法律意识。同时，完善执法程序，确保执法行为的合法性和规范性。对于违法行为，要依法予以惩处，维护法律法规的权威性和严肃性。

2. 加强法律法规的宣传教育

加强法律法规的宣传教育是推进依法治理的重要环节。通过广泛深入的宣传教育，可以提高乡村居民的法律意识和法治观念，引导他们依法行事、依法维权。

开展多种形式的法治宣传教育活动。利用广播、电视、报纸等传统媒体以及互联网、社交媒体等新兴媒体，广泛宣传乡村社会治理相关的法律法规和政策措施。同时，可以定期举办法律讲座、法律咨询等线下活动，邀请专业律师或法律工作者为村民提供面对面的法律服务和咨询。这些活动旨在让村民更加深入地了解法律法规的内容和精神实质，增强他们的法治意识。

注重对乡村工作人员的法律培训。乡村工作人员是执行法律法规的重要力量，他们的法律素养和依法行政能力直接影响乡村社会治理的效果。因此，应定期组织培训班、研讨会等活动，对乡村工作人员进行系统的法律培训。培训内容可以包括基本法律知识、行政执法程序、法律责任等，以提高他们的法律素养和依法行政能力。

将法治教育纳入乡村教育体系。在学校教育中加入法治课程，从小培养学生的法治意识和法律素养。通过课堂教学、实践活动等多种形式，学生可以了解法律的基本原则和价值观，学会运用法律手段维护自己的合法权益。

在宣传教育的过程中，还应注重培养村民的法治信仰和习惯。法治信仰是人们对法律的认同和尊崇，是法治社会的精神支柱。要通过各种途径和方式，引导村民树立法治信仰，养成依法办事、依法维权的良好习惯。同时，要鼓励村民积极参与乡村社会治理，依法表达诉求、维护权益，形成全民参与、共建共治共享的乡村社会治理新格局。

# 参考文献

[1] 张斌华,于蓉.乡村振兴与非遗文化治理的契合逻辑与实践路径:基于龙舟文化当代价值的分析[J].甘肃农业,2024(5):7-12.

[2] 冯青青.乡村振兴视域下农村基层社会治理研究:以湄潭县宅基地试点改革为例[J].南方农机,2024,55(10):130-133.

[3] 江岚,黄博健.当前乡村人民调解的实践困境与优化路径:基于H省五地的经验考察[J/OL].中南民族大学学报(人文社会科学版),2024,1-12[2024-06-01].https://doi.org//10.19898/j.cnki.42-1704/C.20240016.02.

[4] 姚澍.人民法庭参与乡村诉源治理的定位、困境与出路[J].行政与法,2024(5):93-103.

[5] 江俊,黎晓春.少数民族体育旅游背景下广西乡村社会治理路径的创新与实践[J].山西农经,2024(9):134-136.

[6] 许楠,王赫玺.新媒体赋能乡村振兴的实践路径探析:基于河南新乡杨厂村的田野调研[J].传媒论坛,2024,7(9):30-32.

[7] 谢景连,陈杏烛,伍应滔.从"栽岩议事"到"府示立碑":清代黔东南乡村社会治理体系的变迁[J].贵州民族研究,2024,45(2):156-162.

[8] 张文倩.乡村振兴背景下共青团推进基层社会治理现代化路径研究[J].遵义师范学院学报,2024,26(2):52-55.

[9] 许欢科,韦琳霄.数字化背景下农村网络公共空间治理研究[J].广西职业技术学院学报,2024,17(2):1-8.

[10] 王国亮,张晓光.建设新时代"枫桥式人民法庭"服务乡村振兴战略实施实践问题研究[J].法律适用,2024(4):53-65.

[11] 李想,骆志远.乡村振兴背景下青年参与乡村社会治理的路径研究[J].智慧农业导刊,2024,4(8):90-93.

[12] 何巍.平台化:内蒙古数字乡村建设的实践进路[J].采写编,2024(4):55-57.

[13] 谢继忠,毛雨辰,段进泓.村落社会史视域中的高台乡村社会治理及其特点:河西走廊社会经济史研究之三[J].社科纵横,2024,39(2):149-156.

[14] 罗薇.基层治理视角下边境县级融媒体中心助力乡村振兴的路径探析[J].视听,2024(4):11-14.

[15] 王蕊蕊.乡村振兴背景下农村地区社会治理创新研究:以"2023乡村振兴与美丽乡村高峰论坛"为例[J].核农学报,2024,38(5):1007-1008.

[16] 周伟翔.新时代公安机关参与乡村社会治理:价值意蕴、现实挑战与优化路径[J].北京警察学院学报,2024(3):65-72.

[17] 卫小怡."五社联动":乡村文化赋能乡村振兴的建设路径研究[J].智慧农业导刊,2024,4(6):168-171.

[18] 周丽娟,许赞,蔡岸雯.基层社会治理中村规民约的现实价值与建设策略[J].农村经济与科技,2024,35(5):182-185.

[19] 苗建萍.公众参与农村社会治理:新媒体在农村治理体系中的作用[J].农业经济,2024(3):55-56.

[20] 周津汁,王君柏.社会治理现代化背景下的和美乡村建设:以无锡马鞍村为例[J].农场经济管理,2024(3):51-53.

[21] 陈润卿.乡村振兴背景下江苏实现共同富裕政策支持体系优化研究[J].特种经济动植物,2024,27(3):196-198.

[22] 李永洪,易仕玲.返乡农民工助推乡村治理现代化的作用及其实现[J].中共南昌市委党校学报,2024,22(1):69-75.

[23] 李晓昀,张华.党建引领村民自治单元下移的生成逻辑与实践路径:基于广西G市L屯"一组两会"的考察[J].东华理工大学学报(社会科学版),2024,43(1):82-88.

[24] 秦莹,杨辉霞,马力.民俗体育参与乡村社会治理的路径研究:以池州地区为例[J].池州学院学报,2024,38(1):92-97.